Destination Korea, Vol.6

당신이 모르는 그곳
서 울

MOVE

당신이 모르는 그곳, 서울
MOVE

새 길에서 옛 도시를 상상하다.
The city where OLD meets NEW

요즘 저는 순라길에 자주 갑니다. 순라길이 어디냐고요? 종묘 담장을 따라 길게 나 있는 조붓한 길이랍니다. 종묘를 가운데 두고 왼쪽은 '서순라길', 오른쪽은 '동순라길'이라 불리지요. 화려하거나 볼거리가 많지는 않지만 나지막한 가로수와 돌담을 따라 천천히 걷다 보면 하늘도 잘 보이고, 괜히 좋아하는 사람에게 전화도 하고 싶어지는, 꽤 운치 있는 길이랍니다.

제가 이곳을 좋아하는 이유는 우선 인적이 드물어요. 신기할 정도로! 영화 〈미드나이잇 인 파리〉에서 주인공들이 모퉁이를 돌아 순식간에 1920년대로 시간 이동을 하는 것처럼, 이 동네가 딱 그런 느낌입니다.

기억나네요. '올랄라파리'라는 가정식 프랑스 식당에서 친구들을 만나던 날이었어요. 돌담이 보이는 창가에 앉아 크레페와 커피를 테이블에 올려두고 햇살을 받으며 한참 시간을 보냈답니다. 저는 사실 그날 충격을 좀 받았어요. 토요일 브런치 타임에 서울 한가운데 이렇게 조용한 골목이 있다니요. 복잡다단한 종로3가와 골목골목 인스타 핫플레이스들이 가득한 익선동이 바로 지척인데 말입니다. 이 골목의 존재가 신기했습니다. 완전히 다른 분위기의 신비로운 동네, 순라길에 드나들며 저는 자주 하늘을 올려다보았습니다. "서울에 살아서 행복해." 동시에 이런 생각도 스치더군요. "그래, 이게 서울이지."

제가 자주 가는 곳은 동순라길 종묘 입구부터 창덕궁 후원까지 이어지는 서순라길입니다. 1.5km 정도의 거리에 레스토랑, 주얼리숍, 수제 맥줏집, 전통주 주막, 홍어 전문 노포 등이 있고요, 동순라길에는 아직까지 평범한 상가와 주택이 더 많습니다. 원래 이 길은 조선시대 육모방망이를 든 '순라군'이 야간 순찰을 돌던 길이었다지요. 폭 2m를 넘지 않던 흙길이었는데, 1995년부터 역사탐방문화로로 지정이 되면서 정비가 시작되었습니다. 예전엔 돌담 바로 옆에 주택이 있어 통행도 어려웠고, 1950년대에는 아예 길을 막아두기도 했답니다. 다닥다닥 담 옆의 집들을 헐어내고 차도가 나면서 가게들이 들어오기 시작했지요. 처음엔 지역 특성상 보석 관련 공장, 사무실, 창고들이 많았습니다. 가게에서 내놓은 짐들과 차들이 거리를 점유하고 배달 차량과 오토바이들이 달리던 길이었는데, 최근 옛 골목의 매력을 알아본, 올랄라파리 사장님 같은 분들이 하나둘씩 골목에 자리 잡으면서 분위기가 바뀌고 있습니다.

순라길의 시간은 천천히 흐릅니다. 고즈넉한 산책도, 호젓한 하루도 선사합니다. 솔직히 이런 곳은 숨겨두고 싶은 마음이 들기도 합니다. 그러나, 서울이라는 익숙한 도시를 여행해보자는 이야기를 하려다 보니, 순라길이 가장 먼저 생각이 났습니다. 제게는 창덕궁, 종묘, 원서동, 북촌으로 이어지는 서울 여행의 시작점이 된 곳이기도 하니까요. 돌담길과 에스프레소 한 잔이 서울을 말해주는 것 같기도 합니다. '오래된 것과 새로운 것'이 무질서한 듯 조화롭게 어우러진, 우리가 사는 도시, 서울!

이번 호는 서울을 여행합니다.

<u>조은영 편집장</u>

MOVE OFF
[움직이기 시작하다]

14
INFORMATION
여행의 예습

22
WARMING UP
오래된 그림기억의 도시

30
IMAGINE
초월: 두 개의 서쪽 이야기

34
BEFORE YOU GO
서울기네스

36
PHOTO GALLERY
이 도시의 선

ON THE MOVE
[마음껏 돌아다니다]

47
ART OF TRAVEL
여행의 기술

72
COLUMN
오래된 풍경의 힘

76
LUXURY
서울 럭셔리

84
VILLAGE
아는 동네, 모르는 이야기

94
MEET
One Fine Day

DIRECTORY
[여행의 작은 사전]

102
OLD STORES

106
ACCOMMODATION

112
RESTAURANT

128
DESSERTS

134
CAFE

142
PUB & BAR

MOVE ON
[그리고 또 다른 이야기들]

148
PEOPLE
스토리텔러, 이병철

150
TOUR
서울 8시간 여행

154
Basic of Basic
서울 관광 공식

158
MEMORY
서울 기념품

MOVE OFF
[움직이기 시작하다]

MOVE OFF INFORMATION

여행의 예습

도시의 숨은 이야기를 알게 되면 여행은 더욱더 깊고 풍부해진다.
서울도 예외가 아니다. 아는 만큼 보이는 도시,
세상 어느 곳보다 이야기가 풍부한 메가시티 서울을 탐험해 보자.

Editor 편집부 Photographer 이규열

이름의 기원 Origin of Name

신라의 수도인 경주를 '서라벌', '서벌', '서나벌' 등으로 불렀고 백제 말기의 수도 부여를 '소부리'라고 불렀다는데 '서울'의 음성학적 기원을 여기에서 찾을 수 있지 않을까? 서울의 '서'는 수리·솔·솟의 음과 통하는 말로서 높다·신령스럽다는 뜻을 가진 말에서, '울'은 벌·부리에서 변음된 것으로 벌판, 큰 마을, 큰 도시라는 뜻을 가진 말에서 유래했다 한다. 서울이라는 말은 한자로 경(京)과 도(都)자로 표시되는데, '경'은 크다는 뜻이며, '도'는 거느린다, 번성한다는 뜻을 가지고 있다. 조선 및 대한제국의 수도일 땐 '한성'이라 불렀고, 1945년 광복과 함께 '서울'이라고 불리게 되었다. 1948년 대한민국 정부가 수립되면서 수도로 결정되었고, 1949년 서울특별시가 되었다.

1,000년 수도 Old Capital City

'천년고도'라고 하면 경주가 떠오르지만, 서울도 사실 천년이 넘은 도읍지다. 한성백제 시대(BC 18~AD 475) 492년간 백제의 수도였고, 이어 조선조(1392~1910) 510년, 그리고 현대까지, 무려 1,120년 이상 수도의 위상을 유지하고 있는 유서 깊은 도시다. 백제 말기의 수도는 '부여'였지만, 첫수도였던 '위례성'은 지금의 한강 남쪽 풍납리 토성, 몽촌토성 등으로 추측된다. 백제가 처음 이곳을 도읍지로 택한 이유는 북쪽에 한강이 흐르고, 동쪽에는 높은 산이 있어 방어하기에 유리한 조건일 뿐 아니라, 남쪽에는 비옥한 평야가 있어서다. 한강 이북은 고구려, 신라, 고려를 거치며 각각 남평양, 한양, 남경이란 이름으로 불렸다.

입지 Geography

세계적인 대도시들은 대부분 평야에 자리 잡고 있다. 그러나 서울은 산지에 둘러싸인 분지지형의 도시다. 중심부에는 강이 흐른다. 도심에는 남산(270m), 인왕산(338m)이 있고, 시 주변으로는 북한산(836m), 관악산(629m), 도봉산(740m), 수락산(641m), 불암산(510m), 구룡산(306m), 우면산(293m), 아차산(295m), 지양산(127m)등이 도시를 둘러싸며 경기도 및 인천광역시와 자연적 경계를 이룬다.

면적 Area

서울의 면적은 605.2㎢로 대한민국 전체 면적의 0.6%를 차지한다. 동서 간의 거리는 36.78㎞, 남북 간의 거리는 30.3㎞다. 제주도 면적의 1/30이 조금 넘는다. 글로벌 시티들과 면적을 비교하면 런던(1,572㎢), 베이징(1,368㎢), 뉴욕(784㎢), 싱가포르(712㎢), 도쿄(622㎢), 서울(605㎢), 파리(105㎢) 순이다. 도시 면적의 상당부분을 차지하고 있는 산지, 한강, 그린벨트, 40여 개의 대학교, 군용지, 궁궐, 왕릉 등으로 인해 실제 가용 면적은 생각보다 좁아 인구밀도가 높다.

인구 Population

서울시 인구는 한때 천만이 넘었으나, 2020년 11월 통계에 의하면 약 968만 명이 되었다. 지속적인 감소 추세를 보이는데, 이는 서울시의 인구 분산 정책에 따라 신도시로 많은 이들이 이주했기 때문이다. 가장 인구가 많은 구는 송파구이며 가장 인구가 적은 구는 중구다. 전 국민의 1/4이 서울에 살고 있다.

행정구역 Administrative District

현재 25개의 자치구와 425개의 행정동, 467개의 법정동이 있다.

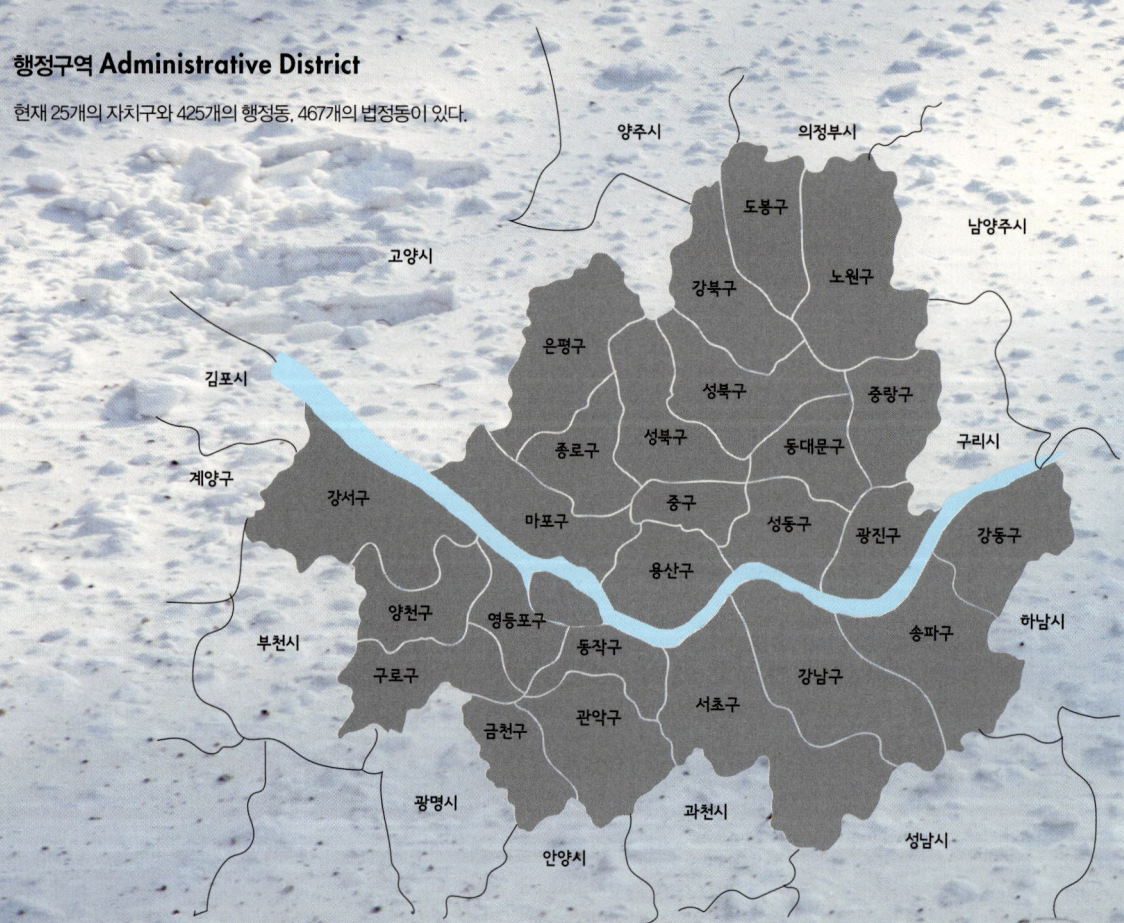

서울의 역사 History

선사 시대　선사 시대부터 사람이 살기 시작해 신석기 시대(BC 8,000~7,000)와 청동기 시대(BC 13세기 무렵)를 거쳤다. 대표적 유적지로는 암사동 선사주거지가 있다. 삼한 중 마한에 속하였다.

삼국 시대　백제 시대(BC 18~AD 475)였던 500년간 서울의 동부에 백제의 수도인 위례성이 있었다. 이후 백제가 쇠퇴하면서 475년엔 고구려, 553년엔 신라 영토로 편입되었다.

통일신라　삼국통일 후 685년에 서울의 한강 이북지역은 한산주가 관할하는 '북한산군'이 되었고 757년 이후 명칭이 '한양군'으로 개칭된다.

고려 시대　918년~1391년
후삼국을 통일한 왕건이 918년 '한양군'을 '양주'로 개칭했고, 1067년 문종 때 '양주'에서 '남경'으로 승격된다. 1308년 '남경'은 '한양부'로 개편, 고려말 공양왕 당시에는 '한양'이라 불렸던 서울로 수도를 잠시 이전했다가 다시 개경으로 수도를 옮겼다.

조선 시대　1392년~1897년
1392년 태조가 개경에서 건국한 이후, 1394년 한양으로 천도하면서 한양이 조선의 수도로 확정된다. 1395년 한성부로 개칭하고, 5부(部) 52방(坊)의 행정 구역을 확정했다. 한성부의 지리적 범위는 사대문 안 도성과 도성 밖 10리(약 4km)까지의 성저십리(城底十里)로 구성되었다.
1398년 숭례문을 완공하였고, 1404년 경복궁을 준공하였다.
1405년 창덕궁을 경복궁의 이궁으로 건립, 한양 중심의 실질적인 조선왕조 500년의 역사가 시작된다. 조선은 수도 한양을 보호하기 위해 백악산(북악산), 낙산, 목멱산(남산), 인왕산을 따라 약 18km의 성곽을 쌓았고, 왕의 생활공간이자 통치공간인 궁궐로 경복궁, 창덕궁, 창경궁, 경희궁, 경운궁 등 조선의 5대 궁을 지었다.
1592년 임진왜란 발발, 7년간의 조일전쟁으로 경복궁, 창덕궁, 창경궁이 모두 불타고 사대문 내 민가 70~80%가 불타 없어진다.
1616년 광해군 8년에 창덕궁이 재건된다.
1624년 이괄의 난, 1636년 병자호란을 겪으며 서울의 피해가 커진다. 흩어진 민심을 바로 잡기 위해 군사제도를 개편하고 도성을 보수한다. 숙종 때 도성의 무너진 부분을 수축하고 북한산성을 축조한다. 한편 조선 왕실은 전쟁으로 불탄 경복궁 대신 창덕궁과 창경궁을 먼저 재건했고, 조선 후기 왕들은 창덕궁과 경덕궁을 오가며 생활하게 된다.
1868년 임진왜란으로 불탄 후 270년간 방치되어 있던 경복궁 중건
1876년 서구열강과 조약을 맺으며 부산, 인천, 원산 등의 항구를 개방
1895년 조선 고종 32년에 일본 자객들이 건천궁을 습격하여 명성황후를 시해함.
1896년 아관파천, 고종이 러시아 공사관으로 피신한다.

대한제국　1897년~1910년
1897년 10월 고종, 대한제국 선포
1899년 서대문에서 청량리 단선전차를 개통하면서 서울에서 처음으로 전차가 운행된다.
1900년 한강철교가 가설.
1902년 한성전화소가 서울 시내 전화교환업무를 시작했다.

1905년 일제가 대한제국을 강합해 을사늑약(을사조약)을 체결했다. 전국에서 반일 여론이 확산되고 의병투쟁이 번지게 된다.
1907년 헤이그특사사건을 구실로 고종황제 강제 퇴위.
1908년 전차선로 가설을 위해 성곽의 일부가 일본군에 의해 철거되었다. 이후 일제 강점기를 거치며 도성의 성문이나 성벽 일부를 훼손하고 신작로나 철로를 개설하는 등, 서울의 역사성과 공간구조가 훼손되었다.

일제강점기　1910년~1945년
1910년 8월 22일 합병조약의 체결하고 국권을 침탈한 일본은 한성부를 경성부로 개칭하고 경기도에 예속시켜 지위를 격하시킨다.
1915년 조선물산공진회를 연다는 명목하에 경복궁의 수많은 전각을 헐고 부지를 파헤쳤다.
1929년 대규모 조선박람회를 개최하면서 건청궁 등의 전각을 다수 헐고, 박람회 이후 그 자리에 조선총독부 청사를 건립했다. 창덕궁을 통감부 간부와 친일 인사들의 연회장으로 바꾸면서 주변 전각을 허물었고, 창경궁에는 동물원과 식물원을 만든 뒤 이름을 창경원으로 바꾸었다.
1936년 고양군·시흥군·김포군의 일부 면들이 편입되어 행정구역이 133.94㎢로 확장되었다.
1943년 '구'제를 실시하여, 중구·종로구·동대문구·성동구·서대문구·용산구·영등포구 등 7개 구로 나누었다.

대한민국　1945년~현재
1945년 8월 15일, 일본이 패망하고 광복을 맞이했다. 서울은 식민지 수도 '경성'에서 대한민국 수도 '서울'로 다시 태어났다.
1946년 '경성시'에서 '서울시'로 명칭이 공식적으로 바뀌고 경기도에서 분리되었다.
1948년 대한민국 정부 수립
1949년 '서울시'가 '서울특별시'로 전환되면서, 고양군 뚝도면·숭인면·은평면과 시흥군 도림리·구로리·번대방리 등이 편입되어 시역이 268.35㎢로 확장되었다
1950년 6.25 한국전쟁 발발로 서울이 점령당한다. 9월 28일에 대한민국이 수복하였으나, 1.4 후퇴 때 서울을 다시 내주면서 서울은 폐허가 된다.
1951년 3월 14일 서울을 재탈환하였다.
1953년 7월 27일, 휴전이 이루어지고 지금의 휴전선이 확정되었다.
1962년 광주군·양주군·시흥군·김포군·부천군의 7면 54리를 편입, 시역도 확장되어 593.75 km2가 되었다. 강남 등 서울의 한강 이남 지역이 대거 편입되고, 동북부의 도봉구, 노원구, 중랑구 일대가 편입된 것도 이때다.
1973년 도봉구와 관악구가 신설되어 11개 구가 되었고, 605.33 km2로 시역이 확장되었다. 이후 기존의 행정구역을 분리하여 1975년 강남구, 1977년 강서구, 1979년 은평구, 강동구, 1980년 동작구, 구로구, 1988년 중랑구, 노원구, 양천구, 서초구, 송파구, 1995년 강북구, 광진구, 금천구가 신설되고 광명시의 일부 지역이 금천구로 편입되었다
1988년 올림픽, 2002년 FIFA 월드컵, 2010년 G20 정상회의를 개최하였다.
2010년~ 서울 주변의 인천과 경기도의 위성도시들이 성장하면서, 서울을 중심으로 거대한 도시 구조인 수도권이 형성되었다. 메트로폴리탄 서울 시대 시작!

마천루 Skyscraper

오랫동안 서울을 대표하는 마천루는 1983년부터 2002년까지 서울 최고층 빌딩의 자리를 지킨 63빌딩이었다. 63빌딩은 1980년에 착공하여 1983년에 완공, 1985년에 개장하였다. 북아메리카를 제외했을 때 세계에서 가장 높은 빌딩이었으며, 1987년 싱가포르에 OUB 센터가, 1990년 홍콩에 중국은행 타워가 건설되기 전까지는 아시아에서 제일 높은 빌딩이었다. 현재 상황은 많이 변했다. 아래는 서울에 존재하는 마천루들을 높이 순으로 나열해 본 것이다.
롯데월드타워(555m), 파크원타워 A(332m), 서울 제3국제금융 센터(284m), Three IFC Office Tower (279m), 삼성 타워팰리스 3차(264m), 목동 하이페리온 101동(256m), 63빌딩(250m) 순.

교통 Transportation

1899년부터 운행하던 전차가 없어지면서 서울의 대중교통 수단은 많이 달라졌다. 현재는 수도권 전철과 승용차, 버스가 시민들의 주된 시내 교통수단이다. 그중 약 40% 가까운 수송분담률을 자랑하는 서울 지하철은 하루 800만 명이 이용하는 시민의 발이다. 현재 도심과 수도권을 연계하는 10개 노선이 운영 중이며, 앞으로 기존 노선을 연장하고 경전철을 확충하여 441km에 이르는 촘촘한 도시철도망을 구축, 대중교통 수송분담률을 75%까지 끌어 올릴 계획이라 한다.

명소 Landmarks

외국인들이 꼽은 관광명소는 어디일까? 서울시와 서울관광재단이 발표한 '온라인 검색 기반 2020년 관광명소 TOP'은 경복궁, 코엑스몰, 별마당도서관, DDP, 광장시장, 청계천, 동대문시장, 남산 순환산책길이었다.

물가 Prices

글로벌 국가·도시 비교 통계 사이트 '넘베오(Numbeo)'가 집계한 서울의 2020년 식료품 물가지수(Grocery Index)는 세계 6위다. 1~5위까지는 모두 스위스의 도시들이며, 서울이 글로벌 대도시인 뉴욕, 런던, 오슬로, 워싱턴DC보다도 식료품 물가가 비싸다는 얘기다.
재미있는 통계 하나 더. 영국 경제분석기관 이코노미스트 인텔리전스 유닛이 발표한 2018년 세계 생활비 보고서에 따르면 서울의 빵 1kg 평균 가격은 약 17,600원으로 세계에서 가장 비싸다. 2위인 뉴욕의 빵 가격은 약 9,400원! 서울의 빵값은 코펜하겐보다도 3.7배, 스위스 제네바와 2.6배, 프랑스 파리 2.8배, 일본 오사카 3배, 싱가포르와는 4.6배나 더 비싼 것으로 조사됐다.
'넘베오'에서 집계한 도시별 1평(3.3㎡)당 아파트 평균 가격 순위(2020년 7월 기준)도 흥미롭다. 1위는 홍콩, 2위는 싱가포르, 3위가 서울이다. 따라서 서울은 현재 OECD 도시 중에서 가장 집값이 비싼 도시이며, 2021년에는 세계 2위로 올라갈 가능성이 크다.

한강 Hangang River

한강은 도심을 흐르는 강 중 세계에서 가장 크다. 세계 도시의 젖줄 가운데서도 규모나 역사 면에서 돋보이며 폭이 파리 센강의 열 배가 넘는다. 발원지는 태백시이며, 북한강과 남한강이 경기도 양평군 양수리에서 만나 서울을 통해 김포 반도에서 서해로 들어간다. 길이로 보면 한반도 전체에서 네 번째로 길며, 유량이나 유역면적으로 보면 한반도에서 가장 많고 넓다.

한강 공원 Park in Hangang River

한강에는 총 11개의 공원이 있으며 그중 가장 상징적인 곳은 여의도 한강공원이다. 매년 4월 초면 여의도 여의서로(윤중로) 일대는 수천 그루의 왕벚나무가 만개해 환상적인 벚꽃을 감상할 수 있다. 매년 10월 초엔 '서울세계불꽃축제'가 열린다.

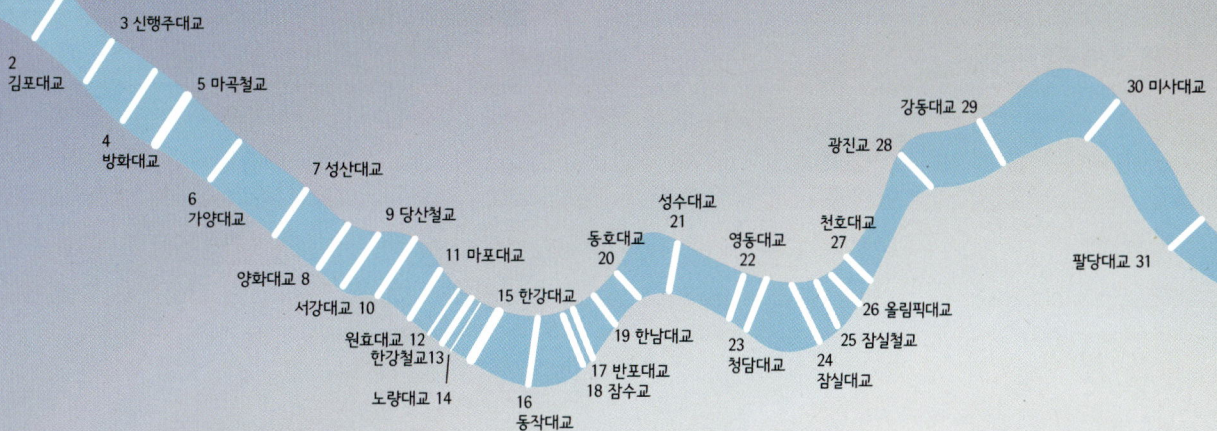

한강 다리 Hangang River Bridges

한강 다리는 2021년 2월 기준 총 31개다. 한강에 놓인 최초의 교각은 1900년 준공된 한강철교다. 1950년대 이전에는 한강철교, 한강대교, 광진교 3개뿐이었지만 경제개발과 강남개발을 위해 1970~80년대 14개가 집중적으로 건설되었고, 2000년 이후에는 6개가 건설되었다. 가장 최근에 준공된 다리는 구리 암사대교(2014), 현재 건설 중인 다리는 2021년 준공 예정인 월드컵대교로 32번째 다리가 될 것이다.
양화대교는 제2한강교, 한남대교는 제3한강교라 불린다. 가장 교통량이 많은 다리는 한남대교, 가장 긴 다리는 마곡대교(2,930m)다.

축제 Festival

4월	영등포여의도봄꽃축제
4월-10월	서울 밤도깨비 야시장
4월/9월	고종·명성황후 가례 재현
5월	종묘제례 및 어가행렬 재현 행사
5월	연등축제
7월-8월	한강몽땅축제
8월	서울프린지페스티벌
8월	서울 문화의 밤
9월-10월	서울드럼페스티벌
9월	사직대제
10월	서울세계불꽃축제, 서울억새축제, 국악한마당, 서울아리랑페스티벌
11월	서울빛초롱축제, 서울김장문화제

한양으로 떠나는 인문학 여행 Hanyang City

사대문과 사소문 조선 시대 서울 도성의 사방에 세운 성문들로 전통적으로 이곳 사대문(四大門) 안이 서울의 도심 지역이었다. 사대문은 동쪽의 흥인지문, 서쪽의 돈의문, 남쪽의 숭례문, 북쪽의 숙정문인데, 이 중 북대문은 풍수지리설에 따라 창건한 지 18년 만에 폐쇄되어 사용하지 않았다 한다. 서대문인 돈의문은 1915년 일제의 도시계획에 따른 도로확장 공사로 철거되어 남아있지 않다. 동대문, 서대문, 남대문 등의 호칭은 일제가 전통을 말살하기 위해 폄하해 부른 것이라, 1996년부터 옛 이름을 회복시켰다. 우리도 이제부터는 사대문의 이름을 제대로 부르도록 하자.

사소문(四小門)은 사대문 사이에 만든 작은 문이다. 먼저 동소문은 혜화문 또는 홍화문이라 불리며, 1994년 복원되었다. 서소문은 소덕문, 후에 소의문으로도 불리었고, 1914년 일제에 의해 철거되었다. 남소문은 광희문, 또는 관이나 상여가 나가는 문이라 시구문이라고 불렸고, 현재 광희동에 남아있다. 북소문은 서울 성곽 사소문 가운데 유일하게 완벽한 형태를 유지하고 있으며, 창의문 또는 자하문이란 이름으로 친숙하다.

한양도성 태조가 1394년 천도한 뒤 가장 먼저 한 일은 종묘·사직·궁궐의 건설이었다. 1395년 대략의 완성 후에 두 번째로 착수한 일은 도성 건설이었다. 정도전이 한양의 산세를 살펴 백악산·낙산·목멱산(남산)·인왕산, 이른바 내사산(內四山)을 잇는 약 18.6km에 이르는 성터를 확정했고, 이에 따라 이듬해 1월에 도성 축조를 시작했다.

조선과 운명을 같이 했던 도성이 헐리게 된 것은 1899년 서울 시내에 전차노선을 깔면서다. 흥인문, 돈의문, 숭례문 주변의 도성이 헐리고 도로가 확장되면서 성벽이 파괴되었다. 뒤늦게 1975년부터 1981년까지 복원을 시도하였으나, 현재 남아있는 도성은 전체의 반 정도인 10km 미만에 불과하다.

남은 성곽을 보고 싶다면 어디로 가야 할까? 남산 동편의 산책로를 따라 서울타워로 오르는 길 주변, 종로구 창신동의 낙산공원 일대, 인왕산 등산로 주변, 혜화문에서 북쪽으로 이어지는 주택가 지역, 그리고 혜화동에서 성북동으로 넘어가는 고갯마루에서 서울과학고등학교 뒤편으로 이어지는 능선에서 한양 도성의 원형을 목격할 수 있다. 500년 전 쌓은 옛 성벽과 오늘날의 솜씨로 복원한 새 성벽이 나란히 공존하고 있는 모습을 관찰할 수 있다. 참고로, 서울 성곽은 사적 제10호이다.

한편, 흔히 한양도성 하면 성벽만을 생각하는데 숭례문, 흥인지문을 비롯한 서울 사대문과 그 외 문도 한양도성에 포함된다. 서울시가 정한 도성 순례길의 명칭은 '서울 성곽길'이다.

한양도성 순성길 한양도성을 따라 산책하는 것은 가장 추천하고 싶은 서울을 여행법 중 하나다. 과거에도 한양도성을 따라 걸으면서 주변의 풍경을 감상하는 여행을 순성(巡城)놀이라고 하며 조선 시대 당시 한성부 사람들이 여가활동으로 즐겼다. 현대까지 풍경이 잘 남아있는 인왕산-북악산 지역은 물론이고 낙산, 목멱산(남산) 등지 또한 조선 시대에는 서울의 명승지였다. 한양도성 순성길 안내 홈페이지에 6가지 코스와 안내 및 해설사가 동행하는 투어 프로그램도 잘 안내되어 있다. 동대문역에 있는 한양도성박물관도 들러보도록.

문의 종로구 관광과 02 2148 1872
한양도성 안내 홈페이지 seoulcitywall.seoul.go.kr

5대 궁궐 한 도시에 하나의 왕궁이 존재하는 것이 일반적일진대, 서울엔 왜 궁궐이 5개나 있을까? 한 왕조에 여러 개의 왕궁이 있게 된 데는 하나하나 다 이유가 있다. 서울 궁 여행을 하면서 숨겨진 스토리들을 탐색해 보도록 하자.

먼저, **경복궁**은 명실상부 조선을 대표하는 궁궐로 임진왜란 후 273년을 폐허로 있다가 1867년 흥선대원군이 다시 지었다. 이후 일제 강점기를 거치며 궁이 심하게 훼손되었다가 1990년대부터 본격적인 복원을 시작해 현재도 진행 중이다.

창덕궁은 태종이 지은 궁이다. 이궁으로 쓰이다가 경복궁 소실 기간 중 법궁이 되었다. 가장 아름다운 궁궐로 평가 받으며, 유네스코 세계유산에도 등재되었다.

창경궁은 창덕궁과 함께 동(東)궐로 불렸는데, 원래는 세종이 아버지를 위해 지은 수강궁터에 성종이 세 명의 대비를 위해 지은 효심 어린 궁이다. 일제 강점기 동물들이 사는 창경원으로 바뀌어 버린 슬픈 역사가 있다.

서(西)궐로 불리던 **경희궁(경덕궁)**은 임진왜란 이후 창덕궁을 흉궐이라 여긴 광해군이 짓기 시작했다. 하지만 광해군은 궁의 완성을 보지 못하고, 광해군을 폐위시킨 인조가 이괄의 난으로 창덕궁이 불타버리자 1624년부터 1647년까지 23년간 법궁으로 사용하게 된다. 창덕궁이 복원된 이후에는 이궁으로 삼았다. 1867년 경복궁 복원을 위한 재료로 쓰이며 훼손이 시작되었고, 일제 강점기에 전각과 터들이 팔리면서 지금은 초라한 모습으로 남아 있다. 한때 위풍당당했던 조선의 3대 궁궐이었던 경희궁의 슬픈 역사다.

덕수궁(경운궁)은 원래 궁으로 지어진 것이 아니었다. 선종의 형인 월산대군의 집터였던 곳을 임진왜란 이후 선조가 임시 궁으로 사용했던 것이다. 1895년 아관파천 이후 고종이 이곳에서 생활을 시작했고, 1897년부터 대한제국의 황궁으로 사용되었다. 1907년 고종이 강제 퇴위되고, 마지막 황제인 순종은 즉위하자 창덕궁으로 법궁을 옮겼고, 태상황 고종은 1919년까지 생을 마칠 때까지 경운궁에 머물렀다. 순종은 경운궁에 머무르던 고종의 장수를 기원하며 '덕수궁'이란 궁명을 지었다고 한다. 조선의 궁 중에서 유일하게 전통 건축과 서양식 건축이 한데 어우러진 모습을 볼 수 있다.

조선의 다섯 궁궐에는 파란만장했던 역사가 담겨있다. 왕과 왕족들이 살았던 그곳에서 시간 여행을 해보자. 박수현 작가가 쓰고, 조은지 작가가 그린 〈궁〉이란 책에 궁금한 모든 내용이 쉽고 일목요연하게 잘 쓰여 있다.

Behind The Old Painting
오래된 그림기억의 도시

익숙한 것들이 생소하게 느껴지는 순간, 그런 순간을 마주할 수 있는 시선을 선물한 이들에게 경의를 표한다.
우리가 태어나기도 전부터 오랫동안 존재해 왔던 고도, 서울을 그들만의 새로운 안목과 시각으로 표현한 그림들을 통해
우리는 타임머신을 타고 서울을 여행할 수 있게 되었다. Editor 조은영

앨리자베스 키스 〈한국의 성벽과 광희문〉 Wall of Korea, 수채화 41x51

앨리자베스 키스 〈정월 초하루 나들이〉
New Year's Shopping, Seoul
1921, 목판화, 38x25.7
광화문과 북악산이 보인다.

앨리자베스 키스 〈신부 행차〉
1921, 목판화, 25.7x39

"만약 어떤 사람이 1919년에 서울을 방문해 큰길로만 다녔거나 전차만 타고 다녔으면, 아마 서울도 극동의 여느 도시들처럼 부분적으로 서구화된 지저분하고 재미없는 도시라고 생각했을지 모른다. 하지만 일단 대로를 벗어나서 구불구불한 골목길에 들어서면, 알라딘 단지 같은 장독이 늘어서 있는 신비스러운 집안 마당을 들여다볼 수 있다."

by 엘스펫 키스

"지난 이십여 년 동안 서울을 그린 옛 그림을 찾아다녔다. 어렵게 구한 그림 한 폭을 손에 쥐고 오늘의 서울을 돌아다녔다. 서울을 그린 옛 그림을 보면 성벽이나 궁궐, 민가와 같은 온갖 인공물을 산수화처럼 그렸다. '도시 산수화'라고나 할까? 이게 가능한 도시가 바로 한양이다. 한양은 그 지형과 풍수를 거스르지 않은 자연의 도시였다. 어느 각도에서 보아도 한양은 한 폭 산수화였다."

by 최열

김수철 〈한양 전경도〉 / 19세기, 133.9×57.6, 종이, 국립중앙박물관
남산 기슭 필동에서 한양도성 일대를 바라본 풍경. 도심 뒤로 왼쪽부터 안산·인왕산,
중앙의 우뚝 선 백악산(북악산·현 청와대 뒷산), 오른쪽으로 멀리 삼각산, 도봉산이 보인다.

▲ 김홍도 〈규장각〉 / 1776년 무렵, 115.6×144.4, 비단, 국립중앙박물관

▲ 안중식 〈백악춘효도〉 / 1915년, 50×192.5, 비단, 국립중앙박물관
광화문 광장에서 경복궁과 백악산을 바라본 풍경

➡ 정선 〈동문조도〉 / 18세기, 22×26.7, 모시, 18세기, 이화여대박물관
종로6가 동대문 성곽공원 내 한양도성박물관에서 동묘 방향을 바라본 풍경

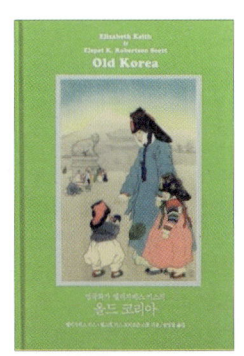

영국화가 엘리자베스 키스의 올드 코리아
2020년
Elizabeth Keith & E.K. Robertson Scott | 책과함께

옛 그림으로 본 서울
2020년
최열 | 혜화1117

한국을 사랑하고 존중했던 영국인, 엘리자베스 키스가 그림을 그리고 출판사를 운영했던 친언니 엘스펫 키스가 글을 써서 1946년에 발행된 〈올드 코리아: 고요한 아침의 나라 OLD KOREA: THE LAND OF MORNING CALM〉에는 1919년 한국, 서울의 생활상을 들여다볼 수 있는 귀한 그림 40점이 실려있었다. 키스의 작품 수집가인 송영달 선생의 노력으로 한국어 초판이 2006년 나오게 되었고, 이번 책에는 그가 2019년에 발굴한 이순신 장군의 초상화로 추정되는 그림까지 포함해 현재까지 알려진 키스의 한국 관련 작품 85점을 모두 소개했다. 또한 1946년 당시 발행된 원서를 그대로 복원한 원서 복원판도 별도 제작되었다. 생소한 동양의 모습을 서양에 널리 알려 준 그녀의 수채화와 목판화들은 현재 영국, 미국, 캐나다 등 각국의 유명 미술관에 소장되어 있다. 100년 전 서울과 한국을 서양인의 시선에서 볼 수 있는 흥미롭고 귀한 책이다.

조선 중기부터 20세기 초 서울을 그린 실경산수화·지도 등을 총망라했다. '서울을 그린 거의 모든 그림'이란 부제를 단 이 책은 수록 작품만 125점, 수록 화가 41명, 원고지 약 2천 매, 집필 기간 20년이라는 미술사학자 최열의 역작이다. 조선미술사에서 위대한 업적을 쌓은 겸재 정선으로부터 작품만 남기고 이름은 잊혀 '미상'으로 남은 작가들까지 약 41명의 화가들이 이 책을 통해 소개됐다. 최열 작가는 20여 년 동안 서울의 옛 풍경을 그린 조선 시대 화가들의 그림을 들고 시간여행, 기억여행을 하면서, 오늘의 서울이 품었던 옛 풍경을 상상해 보는 것은 감동적인 일이었다 회상한다. '아름다운 한양에 대한 기억은 곧 미래도시 서울을 만들어가는 힘'이 될 것이므로 오늘날의 서울을 껴안고 살아가는 이들에게 소장가치가 있는 책이라는 작가의 생각에 동의한다.

The Inspiration
초월: 두 개의 서쪽 이야기

이준익 감독의 영화 '동주' 속 윤동주와 송몽규를 떠올렸다. 삶이 봄 같았던 날. 푸르고 부풀던 때. 그 눈부신 시절을 지나 그들은 이제 세상의 심연에 도착한다. 신념과 타협 사이에, 이상과 현실 사이에, 삶과 죽음 사이에 무엇을 지키기 위해 반드시 자신의 가장 귀한 걸 포기해야 하는 곳이었다. 인구 천만이 모여 사는 이 아름다운 도시가 오늘의 모습으로 존재하기까지 신념을, 이상을, 죽음을 선택한 사람들이 있었다. 기억돼야 하는 이들의 기억돼야 하는 이야기. 서울의 서쪽에 그 기록의 일부가 있다.

Editor 양정훈 Photographer 이규열

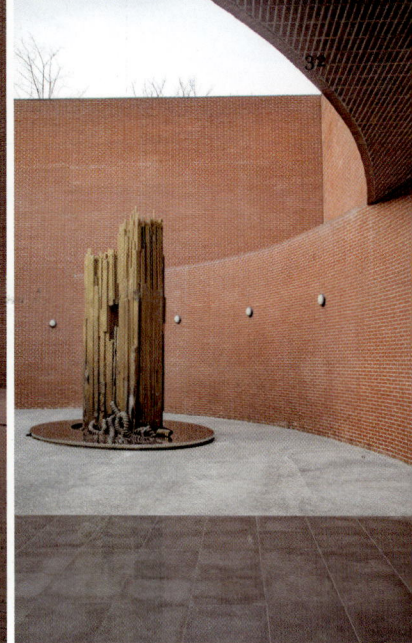

서대문에서

지하철 3호선 독립문역. 역사(驛舍)를 벗어나면 파란 잔디를 곱게 지어 입은 마당이 펼쳐진다. 그 끝에 붉은 담벼락을 두른 붉은 건물이 서 있다. 자유가 죽던 곳. 대한제국 말기에 세워져 1987년까지 운영됐던 '서대문형무소'는 서울이 기억해야 하는 가장 대표적인 공간 중 하나다.

을사늑약으로 일제는 대한제국의 사법권을 빼앗고 유린하기 시작했다. 그때 가장 먼저 만든 시설 중에 서대문형무소가 있었다. 최고의 건축기술을 망라해 지었다고 한다. 당시 이름은 경성감옥. 이후 서대문감옥, 서대문형무소, 경성형무소로 바뀌었다가 1988년 서대문형무소역사관으로 개관했다.

끝도 없이 쏟아져 나오던 독립의 목소리. 민족저항실에 들어서면 그 주인공들의 수형기록표가 벽면을 가득 채우고 있다. 이야기를 듣거나 안다는 것과 이야기의 주인을 대면한다는 건 전혀 다른 문제다. 회유와 협박, 강제노동과 고문, 희망과 좌절, 삶과 죽음 사이 어디에 놓여있는 눈빛을 바라보면 누구나 궁금해질 수 밖에 없다. 가족, 연인, 청춘, 꿈, 안녕. 자신의 가장 찬란하고 귀한 것을 송두리째 내어주고 여기에 갇혀 억울했을까. 어머니가 사무쳐, 갓난 동생의 젖내가 그리워 슬펐을까, 후회됐을까.

그 답이 될 지 모르는 문장 하나가 여기 있다. 당시 고등학생으로 만세운동에 가담했다가 이곳에 끌려왔던 심훈(훗날 소설가가 되었다) 선생이 어머니께 보냈던 편지에는 이런 구절이 등장한다. "생지옥 속에 있으면서 하나도 괴로워하는 사람이 없습니다. 누구의 눈초리에나 뉘우침과 슬픈 빛이 보이지 않고, 도리어 그 눈들은 샛별과 같이 빛나고 있습니다."

슬프지만 슬프지 않고, 두렵지만 떳떳한 기록표의 눈빛이 서울 사람들을 바라본다. 그들이 그렸던 나라에, 우리는 결국 도착했을까. 돌아 나오는 길, 등산복을 맞춰 입고 인왕산 등산로로 향하는 노인의 무리가, 팔짱을 꼭 걸고 발을 맞춰 지나는 여고생의 인파가 답을 주지 않고 형무소 앞을 지난다.

서소문에서

사방이 막힌 지하 붉은 광장에 이상하게도 '하늘광장'이란 이름이 붙었다. 그 한편에 수십 자루 칼과 창을 휘어 꽂은 듯한 조각들이 서 있다. 정현 작가의 '서 있는 사람들'이다. 가만 보니 저 사람 아닌 듯 사람인 조각상이 높은 담을 너머 하늘을 바라보고 있는가. 이루지 못한 것을 끝내 이루려는 이들 같다.

서대문형무소에서 나와 남쪽 방향 통일로를 따라 30여 분 걸으면 '서소문역사공원'에 도착한다. 이 일대 역시 질곡의 역사가 할퀴고 지난 지역이다. 조선왕조의 한양도성을 출입하던 여러 대문 중에 죽은 자들만 오가던 문이 있었다. 시체가 나간다고 하여 '시구문(屍口門)'이라 불렸다.

서소문은 한양 서쪽의 시구문이었다. 거대한 처형장이 딸려 있었는데, 조선 후기에 들어 숱한 종교적 박해가 자행됐던 곳이다. 먼저 1801년 신유박해가 있었다. 그 뒤 기해박해, 병인박해, 기묘박해까지 수많은 천주교인들이 여기에서 효수됐다. 그뿐 아니라 동학농민운동의 지도자들, 더 나은 세상을 꿈꾸던 개혁가들이 끝내 이루지 못하고 무참하게 쓰러졌다.

서소문역사공원에 조성된 '서소문성지역사박물관'은 당시 꺾이고 짓밟혔던 천주교인과 선교사들을 기리기 위한 공간이다. 붉고 어두운 지하 회랑(回廊)에 빛은 엄중하게 들어오고, 크고 반듯하게 깎아낸 벽과 바닥과 천장은 기묘하며 장엄하다. 흡사 다른 세상에 가기 위해, 다른 하늘에 닿기 위해 거치거나 머무는 사원 같다. 혹은, 신을 향한 순례가 이와 같을지도.

다시 하늘 광장. 지하 3층까지 땅을 파고, 마당을 만들어 붉은 벽돌을 높이 쌓고, 오직 하늘만 열어둔 곳. 어쩌면 여기서 죽어간 이들이 정말로 바란 것은 먼 하늘이나 다른 세상이 아니라 사방이 막힌 붉은 땅에 씨앗 하나 심는 일이었는지 모르겠다. 누구나 자신의 믿음에 따라, 사랑하고, 꿈꾸고, 살 수 있는 세상. 우리가 지금 사는 도시는 어쨌든 그 씨앗에서 발아했다.

초월의 문에서

서소문을 나와 돌아오는 길에 경의선숲길에 들러 차를 한 잔 마신다. 100년이 넘은 철로와 쓸모를 다하고 방치됐던 침목(枕木)이 기념비로 남아있는 곳이다. 실은 서소문성지역사박물관 하늘광장의 '서 있는 사람들' 역시 순교한 성인들을 기리며 버려진 철도 침목을 잘라다 세운 작품이다. 어쨌건 경의선 철길의 100년 중 그 반이 되는 50년간 기차는 멈춰있었다. 경성에서 '경'을, 신의주에서 '의'를 따와 이름 붙였던 한반도의 뼈 같은 길이었다.

몇 해 전 녹슨 철길에 풀과 나무를 심고, 연못을 파고, 새 흙을 덮었다. 이제 철마(鐵馬)는 영원히 달리지 않는다. 대신 책과 문화의 숲이 되어 연남동으로, 홍대로 사람들을 불러들인다. 철마는 슬프나 슬프지 않을 것이다.

글을 시작하며 초월이란 제목을 붙였지만, 실은 우리는 아무것도 초월할 수 없다고 나는 말하고 싶었던 것 같다. 함부로 그 시대를 딛고 갈 수 없다. 멋대로 그 상처를 넘어설 수 없다. 대신 우리가 할 수 있는 다른 일들이 있다. 그날을 덮거나 묻지 않고 똑바로 바라볼 수 있다. 그들이 간절히 부르고 기도하던 세상을 두고 오늘의 우리를 맞춰볼 수 있다. 내일의 서울까지 이 기억을 데려갈 수 있다.

독립투사의 뼈와 꿈을 묻은 경성감옥은 잠시 시대 속에 잊혔다가 서대문형무소역사관으로 돌아와 시민들을 만나고 있다. 도시의 그림자인 듯 없는 공간으로 방치되었던 서소문 지역 역시 서소문역사공원으로 다시 태어나 오래된 이야기를 증언한다. 슬픔이 덕지덕지 붙은 공간에 먼지를 털어내고, 새 칠을 하고, 햇빛과 바람을 들인다. 새 길은 새로운 공간에만 나는 것이 아니다. 서울의 내일도 새로 찾아오는 것만은 아니다. 어제를 불러 오늘을 비추고, 그 힘으로 내일을 낸다.

Seoul Record
서울기네스

대한민국에서 가장 바쁘고 역동적인 도시에는 온갖 기록이 넘친다. 오늘은 또 누가, 어디가 서울의 역사를 새로 썼을까. 다만, 공식기록은 아니니 너무 진지하지는 마시라.

Editor 양정훈 Photographer 이규열, 태극당

세기적 이발소

서울에서 가장 오래된 이발소는 마포구 만리동의 '성우이용원'이다. 1927년에 문을 열었으니 같은 자리에서 무려 한 세기 가깝게 손님을 맞았다. 언론에서는 성우이용원을 두고 '시간이 멈춘 곳'이라 표현하곤 했지만, 이 말이 더 이상 유효할 것 같진 않다. 2019년 말 리모델링을 마치고 다소 현대적인(?) 모습으로 변신했기 때문이다. 시간을 옴팡지게 뒤집어쓴 유물 같은 공간을 기대하거나, 마치 시간여행을 떠나듯 이발소로 탐험을 다녀오던 방문객들은 불만이 많다. 물론, 언제까지 비 오면 물새는 이발소로 남아있으란 말이냐며 이제 더 편하게 머리 깎고 면도할 수 있어 좋다는 단골들도 많다. 그러거나 말거나 3대째 가업을 이어온 이발 명인 이남열 선생은 오늘도 우직한 가위를 든다. 쓰싹.

여가의 왕

다음 중 서울 사람들이 가장 많이 하는 여가활동을 고르시오. ① 게임 ② 인터넷 ③ TV시청. 문화체육관광부 국민여가활동조사에 따르면 정답은 TV시청(39.7%)이다. 2위 인터넷(16.4%)의 두 배가 넘는다. 더 놀라운 건 여기서 인터넷은 SNS 활동까지 모두 포함한 수치라는 것(참고로, 게임은 4.3%에 그쳤다). 누가 TV를 전통미디어라 했을까. 여전히 가장 많이, 가장 강력하게 서울시민을 웃기고 울린다. 그나저나 언제쯤 여행매거진 읽기가 서울시민이 가장 즐기는 여가활동 순위에 이름을 올릴 수 있을까. 아, 오해는 마시라. MOVE의 꿈은 많이 읽히는 여행지보다는 제대로 만들어진 여행지가 되는 거다. 흠흠.

등록금 전쟁

서울 대학 중 2020년 가장 등록금이 비싼 곳은 '연세대'다. 교육부가 국회에 보고한 '2020년 대학 등록금 순위' 자료를 보면 연대의 한 해 평균 등록금은 893만 원으로, 2위인 이화여대를 20여만 원 차이로 따돌렸다. 물론, 자랑할만한 1등은 아니겠지만. 연 등록금을 재학기간으로 환산하고, 주거비와 생활비를 더해보면 집 팔고 소 팔아서 서울에 대학 보낸다는 옛말은 여전히 틀린 말이 아니다. 참고로, 600kg급 한우 1마리 가격이 올해 평균 750여만 원이라니 등록금만 따져도 다 큰 소 네댓 마리와 덜 자란 소 한두 마리는 팔아 치워야 공부를 마칠 수 있다. 한편, 전국에서 가장 등록금이 비싼 4년제 대학은 한국산업기술대학교다.

빵집은 해방둥이

광복 이듬해인 1946년 일본에서 제과점 일을 하던 청년 하나가 고국으로 돌아와 명동 땅에 빵집을 차린다. 이내 엄청난 성공을 거두는데, 사회 주요 인사들의 모임부터 행사까지 차고 넘쳐서 따로 예식장과 목장까지 운영할 정도였다. 서울에서 가장 오래된 빵집 '태극당' 얘기다. 1973년 지금의 장충동으로 터를 옮겼다. 그러나 탄탄대로가 영원한 건 아니었다. 시대가 변하고 프랜차이즈 제과점이 이른바 대세가 되면서 역사 속으로 사라질 뻔한 위기가 찾아온다. 태극당은 이들을 따라 하는 대신에 역사성과 고유성을 더 강하게 조명하는 방향으로 승부수를 띄운다. 때마침 레트로 열풍이 불었다. 2020년 현재. 태극당은 보란 듯이 위기를 극복하고, 성지 레벨에 등극하며 새 길을 닦고 있다. 이건 여담인데, 기록을 뒤지다 보니 태극당 현 대표가 2020년 국세청의 아름다운 납세자상을 받았다. 전통을 지키며 맛있게 만들고, 많이 팔고 잘 벌어서, 안 속이고 꼬박꼬박 세금 잘 내는 빵집. 거참 정답 같다.

따르릉 따르릉

김영철 씨 노래를 소개하려는 건 아니고 자전거 얘기다. 퀴즈! 서울에서 자전거를 가장 많이 빌려 타는 장소는 어디일까? 주관식 아니니 당황하지 마시라. ① 홍대입구 ② 뚝섬유원지 ③ 여의나루 ④ 여의도한강공원.
서울연구원은 지난 2017년 서울시 공공자전거 서비스 '따릉이'의 전체 대여 건수에 대한 빅데이터 분석 결과를 공개했는데, 1위는 여의나루역 1번 출구로 54,488건이었다. 2위는 1만 건 적은 홍대입구역 2번 출구. 놀랍게도 여의도 한강공원은 순위 밖이었다. 도시에 자전거가 많다는 건 신나는 일이다. 그게 공공자전거라면 더욱더 좋은 일이다. 따릉이를 타는 당신이 안전모를 잘 쓰고 있다면 그거야말로 최고로 멋진 일이다.

그야말로 옛날식 다방에 앉아

한 집 건너 카페인 도시, 커피 사랑이 넘치는 서울에서 가장 오래된 카페는? 이번에는 한국전쟁이 등장한다. 6·25의 상흔이 그대로 남아있던 1956년 대학로의 옛 서울대 문리대 길 건너에 작은 다방이 문을 열었다. 이후로 60년 넘게 격동하는 현대사를 가까이에서 끌어안으며 2020년에 가 닿을지 그때는 감히 짐작조차 못 했으리라. 전쟁의 상처를 돌보고, 민주화를 열망하는 청년들에게 테이블을 내주며, 숱한 기라성 같은 문인과 예술가의 낭만을 적신 곳은 바로 '학림다방'이다. 아주 오랫동안 여기를 사랑해온 사람들은 그 질곡의 시간을 다 보내고도 학림다방이 별반 변한 게 없다고 얘기한다. 물론 이 말을 덧붙이면서. 그대, 학림에 오거든 비엔나커피와 아인슈페너를 마시라.

지구에서 가장 비싼

세계를 통틀어 서울에서 가장 비싼 건 사과다. 아, 애플의 아이폰? 아니면 맥북프로? 혹시 아이팟? 다 틀렸다. 진짜 사과 말이다! 넘베오(www.numbeo.com)는 세계 각국 주요 도시의 물가 정보를 수집하여 제공하는 통계 사이트다. 2020년 12월 데이터를 보면 서울의 주요 물품 물가를 다른 도시들과 하나하나 비교할 수 있는데, 놀랍게도 서울에서 가장 비싼 건 강남 아파트도 아니고, 테슬라 전기차도 아니고, 바로 사과다. 그거, 깎아 먹는 새콤달콤 과일 말이다. 넘베오에 따르면 서울의 사과 1kg 평균값은 9,301원으로, 지금 이 순간 서울 사람들은 다른 어떤 도시보다 비싼 사과를 먹고 있다.

현재 가장 힙한 호텔 몬드리안에 지점을 낸 태극당

Old & New, The Lines Of The City
이 도시의 선

오래된 도시는 간직한 것이 많다. 사진가 이규열의 눈에 담긴 서울의 스카이라인, 점과 선, 오래된 것과 새로운 것들의 조화로운 모습.

Photographer 이규열

ON THE MOVE
[마음껏 돌아다니다]

여행의 기술

서울을 사랑하는 서울라이트(SEOULITE)의 시선을 통해
시간의 한계 너머 이 도시의 고유한 매력을 발견하고 싶습니다.
각자의 취향으로, 통찰로, 서울을 발견하고 사랑하고 쓰다듬는
서울라이트의 가이드를 따라 오늘 하루 서울 여행자가 되어보세요.
그들이 전하는 서울 여행의 다섯 가지 키워드를 소개합니다.

Editor 조은영 Photographer 이규열

01 PARK

02 ARCHITECTURE

03 MOUNTAIN

04 VILLAGE

05 TASTE

01
Park
공 원 의 발 견

어느 음악 평론가는 공원이 최고의 음악감상실이라고 말했다. 노래가 흘러나오는 동안 그를 대신해 억새가 석양을 타고 춤을 춘다며. 다른 이는 좀처럼 말이 없는 아버지와 동네 공원을 걷는 일이 그들의 외롭지만 부단한 대화라고 했다. 글쓰기가 막힐 때 공원을 한 바퀴 뛰고 오는 작가도 있었다. 점심시간에 남들보다 일찍 밥을 먹고 공장 앞 공원을 산책하는 것이 자기에게 주는 작은 선물이라는 노동자도.

우리는 같은 공원에 들어서지만 저마다 다른 목적과 이야기를 갖고 걷는다. 마찬가지로 서울을 품은 공원들 역시 모두 비슷해 보이지만 실은 어떤 공원도 같은 모습으로 그 자리에 존재하지 않는다. 공원은 다 만들어져 우리에게 오는 게 아니라 다른 삶과 풍경의 사람들이 그 안을 채우며 비로소 완성되기 때문이다.

서울 하늘 첫 번째
탑골공원

오래된 공원에는 이야기가 고인다. 노인들이 모여 그 얘기를 길러다 부지런히 서로에 전한다. 그러다 주춤한 곳을 들여다보면 어김없이 바둑판, 장기판이 놓였다. "그래서 올해 나이가 몇이요?" 내기에 진 이는 실력이 아니라 나이를 탓하고 싶다. 그러나 누가 뭐래도 가장 큰 어른은 나무일 것이다. 그들의 나이를 모으면 금세 수천 년이니. 힌트는 여기까지. 서울에서 가장 많은 이야기를 품은 곳. 서울 하늘 아래 첫 공원은 종로에 위치한 '탑골공원'이다.

역사는 자그마치 고려 시대까지 거슬러 올라간다. 공원이 그때부터 있었다는 말은 아니고, 그 터에 관한 기록이 전해져 내려온다는 뜻이다. 흥복사(興福寺)라는 절이 있었다. 말처럼 복이 많아 아주 부유했는데, 조선으로 국호가 바뀌고 왕조가 변해도 원각사(圓覺寺)로 이름을 새로 달고 승승장구했다. 하지만 딱 거기까지. 연산군이 왕에 오르며 온갖 고초를 겪는다. 결국 절이 폐사되고, 승려들은 쫓겨났다.

폐허로 남겨진 채 대한제국 때까지 방치되었던 땅에 영국인 존 브라운의 주도로 최초의 서구식 공원이 만들어진다. 1897년의 일이다. 서울 최초일 뿐 아니라 한국 최초의 공원이 탄생하는 순간이었다. 첫 이름은 파고다라 지었다. 불교의 탑이라는 뜻으로, 국보 2호 원각사지십층석탑과 보물 3호 원각사비가 자리 잡고 있기 때문이다. 1992년 옛 지명을 따서 이름을 개칭하고 지금의 탑골공원이 되었다.

서울 사람들에게 탑골공원에 대한 이미지를 물으면 열에 아홉은 노인들의 쉼터를 떠올린다. 그리고 끝. 뭐가 더 있냐는 표정으로 고개를 갸우뚱한다. 그러나 탑골공원은 우리의 근현대사를 그냥 건너오지 않았다. 공원의 노인들이 치열하게 넘치는 이야기를 저마다 가슴에 품고 견디며 기어이 오늘에 도착한 것처럼.

여기서 1919년 3월 1일 민족대표 33인의 이름으로 독립선언서가 읽혔다. 일제를 향한 분노의 불길이 바로 이 공원 어디에서 발화했다. 유신에 항거하는 청년들이 몸을 숨겼고, 자식을 잃은 어미가 혈서를 쓰며 울부짖었고, 부단히 삶을 채우고 물러난 노인들이 서로에 온기를 더했다.

모든 게 빨리 변해서 좋고, 더 좋은 것들이 매번 새로 나와서 좋고, 공원도 그처럼 더 예쁜 공원, 더 기발한 공원이 새로 만들어져 좋다. 다 좋은 일이다. 그러나 이 변화무쌍한 도시 어딘가 오랜 석탑처럼 변하지 않는 공원 하나쯤 있어야 하지 않는가. 서울의 흥망성쇠를 모두 알고 기억하는 뿌리 깊은 마당 하나쯤 꾹 눌러 가슴에 갖고 있어야 하지 않는가.

다시 쓰는 어제
용산공원

공원은 자고로 나무가 많아야 한다. 개울도 있으면 좋겠고, 시야에 막히는 건물 없이 넓게 펼쳐진 산책로가 있다면 금상첨화다. 후유. 누가 아직도 이리 고리타분하게 공원을 정의한다면 이 말을 해주고 싶다. 서울이란 도시가 그런 것처럼 서울의 공원도 매 순간 새로운 도전을 하고 있다고. 당연한 말이겠지만, 오늘의 공원이 어제도 공원이었던 건 아니다. 공장이, 창고가, 군대의 막사가 때로는 공원이 된다. 물론 미군 장교들이 쓰던 기숙사 역시 언제든 공원이 될 수 있다.

보통의 경우 용산공원이라 하면 용산가족공원을 떠올리지만 오늘은 아니다. 새로운 '용산공원'이 문을 열었다. 용산 기지로 불렸던 미군의 장교 숙소 5단지 구역. 공원에 들어서면 가장 먼저 눈에 띄는 건 낯선 건축물과 영어로 쓰인 이정표다. 미군 장교들이 쓰던 건물과 도로의 사인이 그대로 남아있기 때문이다. 저기 허물어진 담과 철조망도 보인다. 민(民)과 군(軍)을 가르던 경계의 표지다.

이 땅은 원래 6/25 휴전 이후 미군이 주둔하며 70년대까지 기지로 사용되다가 1986년 우리 정부에 반환됐다. 그러나 시민에게 돌아오지는 못하고, 용도를 변경하여 임대 형식을 빌려 미군 장교들의 숙소로 이용됐다. 마침내 평택으로 미군 기지가 이전하면서 공원으로 조성된 것이다. 특별법까지 가진 공원으로, 우리나라 제1호 국가공원이다.

때로는 오래된 어제가 베일을 벗고 새 생명을 얻는다. 내일이면 이제 조금 다른 방식으로 어제를 보고, 기억하게 될지 모른다. 미군만 드나들던 기숙사를 이제 엄마와 아이가 손을 잡고 걷는다. 새로운 어제다.

베일 너머 숨겨졌던
문화비축기지

2017년 서울의 서쪽에 또 하나의 비밀스러운 공간이 베일을 벗고 공원의 이름을 갖게 되었다. 1급 보안시설로 45년간 시민의 접근이 철저하게 통제되었던 땅. 도대체 안에 뭐가 있는지 알 수 없는 세월 동안 동네 사람들 누구나 흉흉한 소문 한번쯤은 들었던 곳. '문화비축기지'다. 1973년, 전 세계적으로 1차 석유파동이 덮치며 한국도 원유 공급에 엄청난 차질을 빚게 됐다. 경제적 타격이 심각했다. 석유 자원을 전량 해외에 의존하고 있는 상황에서 같은 사태를 막아보고자 정부는 여기에 마포석유비축기지를 건설했다. 1970년대 서울시민이 한 달 동안 사용할 수 있는 석유를 저장하여 보관했다.

거의 반세기를 보내고 지난 2000년, 비축기지는 그 용도를 다하고 폐쇄된다. 방치된 공간은 우여곡절을 좀 겪다가 드디어 문화공원으로 시민의 품에 돌아오게 된 거다. 동네에 떠돌던 기괴한 소문은 이제 '라떼는 말이야'로도 소환하기 힘들 만큼 깊숙이 묻혔다. 검은 석유를 비밀스레 보관하던 탱크들은 문화의 실험실, 다양한 전시와 공연의 무대가 됐다.

석유탱크의 녹슨 벽면을 타고 꽃담쟁이와 황금담쟁이가 시간을 건너 새 손님을 맞는다. 시민들에게 꽁꽁 감춰졌던 공간으로 떠나는 여행. 산책을 넘어 작은 탐험을 하는 기분까지 든다. 누군가에는 비밀스러운 시간여행이 될 수도 있다.

공원은 도시의 이정표다

땅값과 물가가 비싼 도심에 공원을 만들고, 지키고, 확장하는 건 실은 대단한 결단이 필요하다. 정책적 신념과 시민적 의지가 없다면 불가능하기 때문이다. 그러므로 한 도시가 어떤 공원을 갖고 있는가, 가질 것인가는 도시의 수준과 깊이를 엿보는 가늠자가 될 수 있다.

우리가 앞으로도 쉬지 않고 물을 질문. 서울의 공원은 어떤 오늘과 내일을 그릴 것인가? 대답은 우리가 어떤 삶을 살고 싶으며, 살게 될 것인가와 단단히 묶여있다.

Writer 양정훈 《오직 한 사람을 위한 여행》 《북유럽은 행복하다》 저자

More Information
공원 러버를 위한 유용한 정보

① Wedding in the park
공원에서 결혼하기

나무의 주례를 듣고 새들을 하객으로 맞는다. 바람과 야생화가 축하곡을 부른다. 배우 원빈과 이나영의 결혼이 그렇다는 말이 아니다. 서울 시민 누구에게나 열려있는 공원 속 작은 결혼식이다. 서울시는 매년 몇 개의 공원을 지정해 작은 결혼식을 연다. 대개 연초 2월에 그해 예약을 받고, 하루에는 평균 두 차례 예식 정도로 여유롭게 진행된다. 공원마다 조금씩 주제가 달라서 취향에 가장 맞는 방식을 선택할 수도 있다.

월드컵공원
'소풍결혼식'이라는 이름을 달고 있는 월드컵공원의 결혼식! '소풍처럼 즐길 수 있는 결혼식'이라는 의미로 5년째 열린다. 평화의 정원 버진로드를 중심으로, 대형 미송나무에 걸쳐 양쪽으로 새하얀 천막이 세워진다. 공모를 통해 선정된 협력단체 중 한 곳을 선정해 맞춤형 예식을 할 수 있다.

남산공원
전통혼례가 진행되는 곳으로 남산의 숲과 바위를 배경으로 한옥 건축물 호현당(好賢堂)에서 신랑은 사모관대를, 신부는 활옷을 차려입고 백년가약을 맺는다. 깊이 박힌 대들보가 그 찬란한 서약을 기억할 것이다.

② New Open Park!
새로운 공원, 최초 국가공원인 용산공원

일제 강점기부터 한국전쟁을 거치면서 일본군과 미군이 사용하던 미군부지 공간이 116년 만에 공개되었다. 부지 면적만 무려 291만㎡, 약 90만 평에 이른다. 실제 장교 숙소와 그곳에서 살았던 사람들의 이야기를 엿볼 수 있는 '오손도손 오픈하우스'부터 '카페' 그리고 공원의 역사를 볼 수 있는 전시공간까지. 둘러보는 데는 40여 분에서 한 시간 정도 소요된다. 전체 개방은 점진적으로 이루어질 예정이다.

용산공원
📍 서울 용산구 서빙고로 221 (서빙고역 1번출구)
📞 070-5161-0608
🕐 화~토 09:00~18:00(내부는 5시까지만)
🏠 www.park.go.kr
팁 주차불가, 반려견, 전동킥보드 금지
이용료 무료

③ Place to Visit
근처 방문지 추천

용산공원이 있는 서빙고역부터 이촌역에 이르기까지 직선으로는 도보 20분 정도의 짧은 거리지만 발길을 잡는 장소가 여러 곳 있다. 먼저, 공원 성애자라면 주말을 고스란히 이곳에서 보내도 충분할 만큼 두 개의 공원이 더 있다. 녹음이 짙은 가족들의 휴식처, '용산가족공원', 그리고 조용하고 여유로운 '서빙고근린공원'이다. 두 공원 사이에는 지적, 문화적 갈증까지 채울 수 있는 '국립중앙박물관'도 있다. 2005년 개관한 박물관으로 시대와 주제별로 제시된 6개의 상설전시관과 특별전시관이 있으며, 계절에 따라 풍경이 변하는 아름다운 정원도 있다. 구석기 시대의 손도끼, 삼국시대의 금관과 반가사유상, 고려시대의 청자, 조선시대의 그림과 글씨 등은 옛사람들과 현대인들, 과거와 현재가 극적으로 만나는 지점이다.

국립중앙박물관
📍 서울 용산구 서빙고로 137
📞 02-2077-9000/
🕐 10:00~18:00, 수,토 10:00~21:00
🏠 www.museum.go.kr
팁 상설전시관, 어린이박물관은 무료, 기획특별전시관은 유료로 운영.

02
Architecture
건 축 , 그 너 머

사람들의 직관력은 놀랍다. 처음 만난 사이라도 순간의 인상으로 상대를 파악한다. 스치기만 해도 감잡힐 단서들이 수두룩하다. 도시의 인상도 다를 게 없다. 아무리 낯선 도시라도 발 딛는 순간 척하면 보이고 느껴지는 게 있게 마련이다. 도시는 사람과 달라 거짓으로 위장하는 법이 없다. 안에 담고 있는 온갖 것들을 숨김없이 드러낸다.

파악의 근거가 궁금할 것이다. 도시의 인상을 좌우하는 요소는 재미있게도 모두 알파벳 A로 시작한다. 건축(Architecture), 자동차(Automobile), 옷차림(Attire), 공기감(Atmosphere), 태도(Attitude)다. 처음 가본 도시에서 받았던 인상을 요약해 보면 결국 이런 요소로부터 얻어낸 정보의 조합이란 걸 알 수 있다. 도시의 인상은 입지나 환경과 연관되는 공기감을 빼면 모두 사람과 연결된다. 아니다. 공기감 마저도 산업시설이나 자동차의 매연이 역할을 하므로 도시는 전적으로 사람들이 만들어가는 게 맞다.

눈에 스치는 건물과 오가는 사람들의 모습만으로도 도시는 모든 걸 보여준다. 역사와 문화는 물론이고 삶의 방식과 희망까지. 로마의 영화를 떠올리게 하는 건 남아있는 로마시대의 건물 때문이다. 조상 잘 둔 덕에 지금까지 로마의 영화는 진행형으로 남지 않았던가. 뉴욕이 뉴욕다운 건 빽빽하게 들어선 마천루 숲 때문이다. 누구도 넘볼 수 없는 경제력으로 첨단기술과 사람을 빨아들이는 게 보일 정도다. 건축은 도시를 만들고 사람은 그 안에서 산다. 인간의 삶을 담는 그릇인 건축이 도시의 인상을 좌우하는 건 당연할지도 모른다.

어제와 오늘의 건축

서울의 인상은 어떻게 느껴질까. 서울에서 사는 사람은 서울의 진가를 실감하기 어렵다. 익숙함으로 무감각해져 일상이 펼쳐지는 동네뿐이라 여기기 십상이다. 하지만 틀렸다. 서울은 이제 세계인이 오고 싶어 하는 국제도시로 위상을 높였다. 역동성 넘치는 도시의 모습은 첨단 스마트폰의 이미지와 겹쳐 선망의 대상이다. 아시아를 대표하는 매력적인 도시로 떠오른 것이다.

세상의 이목을 끄는 BTS와 손흥민의 나라라는 프리미엄까지 얹어져 꼭 가보고 싶은 도시가 되었다. 홍대 앞과 성수동, 강남역 부근에서 펼쳐지는 화려한 밤거리의 모습은 서울의 넘치는 풍요를 드러낸다. 우리가 얼마나 대단한 선진국인지 모르는 건 대한민국 사람들뿐이라던가.

난 서울에서 오래 살았다. 현재의 서울이 어떻게 변해 왔는지 지켜봤다는 말이기도 하다. 서울이 처음부터 멋지진 않았다. 기억 속의 서울은 낡고 조악한 판잣집이 풍기는 가난과 그게 그것 같은 창문을 낸 빌딩들로 우중충한 회색도시의 인상이 더 짙었다. 흘러간 세월이 미화시키는 추억조차 남은 기억의 잔재를 바꿔놓지 못했다. 외국 도시들과 견주며 서울은 세련되지 못하고 더럽다는 자기비하가 뒤를 이었다. 칠팔 십년대의 일이다.

나는 유럽과 세계의 여러 도시가 어떤 모습인지 궁금했다. 파리와 런던, 빈, 베를린, 암스테르담, 뉴욕과 도쿄를 찾아봤다. 선망의 도시는 하루아침에 만들어진 게 아니었다. 삶의 시간과 역사가 중첩된 기억의 집합체로 도시를 파악해

야 했다. 개인과 사회가 벌였던 선택과 행동이 진화된 흔적임을 알았다. 수백 년에 걸친 도시의 역사는 이래서 중요하다. 내 기억 속의 서울이 누추했던 건 당연했다. 여유를 지니지 못했던 사회의 역량이 빚어낸 필연적 결과였다. 개인과 국가가 빈곤을 떨쳐버린다면 우리도 얼마든지 멋진 도시를 만들어낼 수 있을 거란 기대가 커졌다.

모자라는 것을 채워 넣을 풍요의 시대까지는 오래 걸리지 않았다. 우리나라는 80년대 고도성장기를 맞았다. 서울의 모습이 몰라보게 달라지기 시작한 동인이다. 88년 서울올림픽을 계기로 국제도시화됐다고나 할까. 서울을 빛나게 하기 위한 역량의 결집은 효과를 봤다. 건축의 규모가 커지고 체계적 관리로 깔끔한 인상을 더하게 된다. 잠실과 올림픽 공원 일대에 들어선 미적 감각 넘치는 건축물들이 문화도시 서울의 체면을 세워줬다.

이후 30년 동안 많은 것이 바뀌었다. 여유도 생겼고 좋은 것이 무엇인지도 알게 됐으며 이를 실현하고 즐기는 방법까지 갖추었으니 하지 못할 일은 없다. 남의 것을 베끼는 수준에서 우리의 문화적 원형을 현대화하는 괴력까지 발휘한다. 도시의 역사를 더해 세련미와 기품이 조화로운 건축물들이 서울을 채우고 있는 중이다. 이들 건축물을 다 돌아보긴 어렵다. 서울에서 꼭 찾아봐야 할 인상적인 건축물을 정리해봤다. 과거의 건축보다는 2,000년대 이후 지어져 서울을 빛냈다는 건축물을 대상으로 삼았다.

무용의 공간, 예술로 서다

건축은 보려고 작심하지 않으면 눈에 들어오지 않는다. 건물은 그 자리에 서 있을 뿐이기 때문이다. 의미를 읽어내기 위해선 관심의 필요하다. 진지하게 보려는 사람에게만 세상은 놀라운 디테일을 드러낸다.

용산역 앞에 가면 결이 다른 건물 하나가 눈에 띌 것이다. 위로만 뻗은 여느 건축과 대조해 가로의 비례가 남달라 풍만한 느낌이 든다. 외벽의 질감이 유난히 부드럽고 희다. 흰색 파이프를 촘촘히 세워 벽체가 만들어져서다. 은은한 광택 너머로 두터움이 느껴진다면 건축가의 의도를 제대로 읽어낸 거다. 백자 달항아리에서 영감을 받았다는 얘기가 공감되는 순간이다. 시선을 돌리면 건물 가운데가 비어 있다는 걸 알게 된다. 그 사이로 바람이 통하고 빛이 비친다. 건물의 바닥엔 놀랍게도 풀과 나무가 심어져 있다. 건물의 일부를 비워 공중정원을 만들었다. 빽빽하게 채워야 건축물의 실용성은 극대화되기 마련이다. 무용의 공간이 되도록 일부러 속을 비워낸 건축가와 건축주의 넉넉함을 읽어내야 한다. 사물의 용도를 지워버리면 예술품이 된다. 용도가 없어진 건축에서 외려 아름다움이 솟아나는 놀라운 광경을 놓치면 안 된다. 건물 내부 3층까지 시민에게 개방해서 그 아름다움을 공유한다.

자, 이제 찬사의 주인공이 된 건축물의 정체를 밝힐 순간이다. 내게 서울에 지어진 최고의 건축을 꼽으라면 단연 이곳 아모레 퍼시픽 사옥을 들겠다.

미술관과 풍경

아모레 퍼시픽 사옥에서 조금만 이동하면 빼놓지 말아야 할 또 하나의 건축과 마주친다. 경복궁 옆 북촌에 있는 국립현대미술관 서울관이다. 근처를 지나더라도 이 건축의 존재감은 크게 느껴지지 않는다. 여기에 이토록 큰 미술관이 있다는 사실조차 모르는 이들도 있다.

국현 서울관은 좋은 건축의 사례로 제격이다. 경복궁을 담장 하나로 마주한 건축이란 어떤 모습이어야 할까를 멋지게 마무리한 덕분이다. 왕궁으로 상징되는 국가권력의 높이를 뛰어넘는 건축이란 있을 수 없다. 예전 경복궁의 부속건물과 군 시설물을 그대로 활용하기로 한 미술관 건립은 잘한 일이다. 기존 벽돌 건물에 이은 새 건축 역시 경복궁의 담장 높이를 넘지 않는다. 담장이 없어 차도와 경계도 두지 않았다. 길을 걷다 발걸음 닿는 대로 가다 보면 미술관 광장이 나온다. 미술관 건물의 대부분은 땅속에 묻혀있어 보이지 않을 뿐이다. 드러난 땅은 잔디로 덮여있고, 더 가다 보면 동네의 골목과 연결되는 경계 없는 건축을 실현했다.

미술관 경내에서 바라보는 경복궁 주변 풍경은 또 한 번 놀라움을 준다. 공간이 트여 있어 도심 한가운데서도 시야에 막힘이 없기 때문이다. 건축의 위용을 땅속에 묻어버리고 그 안에 있는 사람의 시선은 밖을 향해 트이게 한 후련함이 일품이다.

미술관 내부에서 한 프레임 안에 담긴 옛 건물 옥첩당을 보는 즐거움도 각별하다. 땅의 기억을 지우지 않고 새것이 과거를 포용하는 통 큰 스케일을 경험하게 해주는 곳이다. 서울의 건축이 위로만 솟아 불편함을 느꼈다면 낮고 큰 건물이 주는 안정감이 무엇인지 알게 된다.

건물에 가려진 서울 하늘이 얼마나 답답한지 국현 서울관에 오면 선명한 비교를 할 수 있다. 무릇 이런 건축을 좋은 건축이라 한다지.

건축의 내일을 여기로

동대문엔 DDP가 있다. 얼마 전 세상을 떠난 건축가 자하 하디드의 대표작이라 할만하다. 세계 최대의 곡면 건축물이란 의미 때문이 아니다. 미래의 건축을 현재에 당겨놓은 느낌이 들 만큼 신선하고, 대칭면 없는 외벽의 운동감은 멈추지 않을 듯하다. 마치 뫼비우스의 띠처럼 무한 연속의 느낌이 드는 이유다.

이토록 크고 신선한 형상의 건축이 서울에 있다는 축복을 우리는 자랑스럽게 여겨야 한다. 하지만 DDP 완공 직후부터 이런저런 비판의 목소리가 끊이지 않았다. 주변과 조화되지 않는 금속판 재질의 건물 외벽이 문제로 떠올랐다. 곡선의 외면과 주변 직선 건물과의 불연속면이 눈에 거슬린다는 지적도 있었다. 새로운 것은 항상 과거의 익숙함과 부딪히게 마련이다. 자신의 이름도 처음엔 낯설다. 자꾸 불러주고 듣다 보니 자신이 되어가는 과정을 거치게 되는 거다. 이전에 없던 새로운 형태와 공법 건축의 이질감은 시간을 묻히고 나서야 제자리를 찾는 느낌이다.

DDP 이전에 이런 건물은 없었다. 이후에도 이런 건물은 나오기 힘들다. 건축 설계는 평면의 아이디어였을 뿐이다. 이를 현실화시킨 건 삼성의 기술력이었다. 세계 최고 높이의 두바이 부르즈 칼리파를 지은 회사이기도 하다. DDP 건축의 핵심인 각자 다른 곡률의 외판 타일을 만들어 붙여 이토록 멋진 건축을 완성했다. 우리의 기술이 없었다면 자하 하디드의 아이디어는 공상에 그치고 말았을지 모른다.

지어진 지 7년 가까운 시간이 흐른 지금 당시의 지적과 불만을 이어가는 이를 보지 못했다. 서울에 이토록 독특하고 매력적인 건축물이 있어 자부심을 더하게 됐다. 건물의 안팎을 이으면 거대한 동선이 생긴다. 도심의 광장 역할을 하는 이 공간의 아름다움은 사계절 각기 다른 분위기를 연출한다. 부조화로 불편하다는 주변의 건물은 DDP를 정점으로 둘러싼 병풍의 느낌으로 바뀌었다. 세계에 내세울 만한 건축 하나가 서울에 있다. 일부러 건축 투어를 오는 외국인들이 더 잘 안다.

Writer 윤광준 〈생활명품〉, 〈심미안수업〉 저자

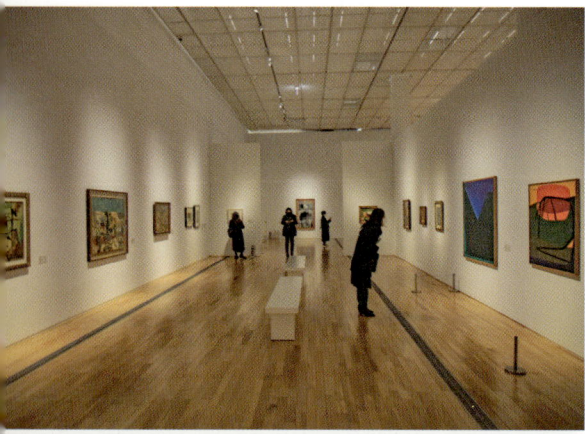

More Information
용산, 신용산 여행자를 위한 유용한 정보

Amore Pacific in Yongsan
아모레퍼시픽 사옥의 건축학적 개요

"사람이 건물을 만들고, 그 건물들이 다시 사람을 만든다." 윈스턴 처칠의 말이다. 1945년 창립해 1956년부터 용산의 터줏대감이었던 아모레퍼시픽이 새로 완공한 신사옥(2018년)은 영국 출신의 세계적인 건축가 데이비드 치퍼필드(David Chipperfield · 66)가 설계한 현재 서울에서 가장 핫한 건축물 중 하나다. 절제된 아름다움을 지닌 달항아리에서 영감을 얻었다는 묵직한 정육면체 형태의 건물 중간중간 층 사이에는 한강 · 용산공원 · 남산 등을 향한 빈 공간이 있어 큰 창 역할을 한다. 5층과 11층, 17층에는 5~6개 층을 비워내고 조성한 중정이 있다. 일반인들도 출입이 가능한 1~3층의 아트리움 공간도 특별하다. 마당이 있는 한옥을 3차원의 오피스 사옥으로 잘 해석한 공간 구조다.
완공 2018년
설계 데이비드 치퍼필드
면적 지하 7층, 지상 22층, 연면적 188,902.07㎡(약 57,150평) 규모
관람포인트 전시장, 이벤트 등의 행사가 열리는 1층부터 3층까지의 문화공간과 5층, 11층, 17층에 조성된 건물 속 정원들

In the Building of A.P.
사옥 내 방문 추천 리스트

신용산역 4번 출구부터 아모레퍼시픽까지 지하도로 연결되어 있어 지하철 여행자도 편하게 둘러볼 수 있다. 먼저 지하 1층. 헬싱키에서 온 카페 알토와 큐브 식빵으로 유명한 '밀도'가 콜라보한 베이커리 카페 '카페알도 by 밀도'에서 베이커리와 알토의 시그니처인 너도밤나무에서 착안해 만든 커피를 마셔보자. 밤을 이용한 생크림이 올려진 과일향이 일품이다. '콘타이', '차알', '버거그루72' 등 핫한 식당들, 제주 성산에서 온 '도렐 카페', 서점 등 먹거리, 볼거리가 다양하다. 1층으로 올라가면 '오설록 카페'와 '티하우스'가 위치한다. 티하우스인 '오설록 1979'에서는 애프터눈티세트를 예약하고 경험해 볼 만하다. 16종의 티푸드와 2종의 티를 즐길 수 있는 2인 세트가 5만 원이다. 2층엔 아모레퍼시픽 갤러리와 스토어, 그리고 브런치와 당근케이크가 유명한 '플로이 카페가 있다.

③
Walk Around
동네 한 바퀴

신용산, 용산역 주변에서 가장 외국인 방문 빈도가 높은 곳은 아마도 엄청난 규모를 자랑하는 찜질방, '드래곤힐스파'일 것이다. 연중무휴, 24시간 영업하며 수영장, 야외 스파, 마사지 시설, 수면실 등 다양한 시설을 구비했다. 용산에서 시작해 전국구 스타가 된 '현선이네 떡볶이집'의 본점과 2호점도 이 지역에 위치한다. 15,000원짜리 콤보세트를 주문하면 밀떡의 매운맛을 제대로 보여주는 떡볶이, 어묵, 순대, 김밥, 튀김, 음료까지 나와 푸짐하다. 70~80년대 감성이 묻어나는 기찻길, 일명 '땡땡거리'도 낭만적이다. 독특하고 감성적인 가게들이 발길을 붙잡는데 그중 필름이 만들어지기 전 사진 촬영 기술인 습판사진을 재현하는 '등대사진관'에서 하나뿐인 인생 사진을 촬영할 수 있다. 맛집으로는 오근내닭갈비, 땡땡거리꼬꼬닭, 창주랜드 등이 있다. 식사 후 카페 트래버틴에서 여유있게 차 한 잔도 좋겠다.

④
Oldies, but Goodies
용산구의 오래된 가게들

방송에도 여러 번 소개된 바 있는 '용산방앗간'은 1984년 개점했다. '땡땡거리'에 있어 용산 여행길에 들러 떡 쇼핑하기 좋다. 무가 들어간 무시루떡과 하얀 가래떡, 밤 호박 콩 등이 듬뿍 들어간 영양떡을 냉동실에 쟁여놓으면 두고두고 행복하다. 이태원로에 위치한 '대성표구사'는 1971년 개업한 표구집으로 70~90년대 민화를 판매하기도 한다. 50년 가까이 된 동지 '합덕슈퍼'도 근처에 있으니 함께 둘러볼 것. 단순한 슈퍼, 액자집이 아니라 역사와 스토리가 녹아있어 방문 가치가 있다. 한편, 무려 120년 동안 한자리를 지켜온 서울역 뒷골목의 '개미슈퍼'는 외국인들도 찾아올 만큼 유명한 명소가 되었다. 삼각지역의 '김용안과자점'도 만만치 않은 내공을 자랑한다. 1967년 개업해 지금까지 자리를 지켜왔고 하루 1~2종류만 소규모로 만들어 낸다. 옛날 감성 폴폴 풍기는 고소하고 바삭한 한국형 생과자는 명절 선물용으로도 품위있다.

용산방앗간
📍 서울 용산구 이촌로29길 31
☎ 02-798-6289
대표메뉴 무가 들어간 시루떡, 가래떡

합덕슈퍼
📍 서울 용산구 이태원로 42길20
☎ 02-793-8720

대성표구사
📍 서울 용산구 이태원로 238
☎ 02-794-3681
🕘 09:300~19:00, 일요일 휴무

개미슈퍼
📍 서울 용산구 청파로85가길 31
☎ 02-714-3383

김용안과자점
📍 서울 용산구 한강대로 155
☎ 02-796-6345
🕘 10:00~21:00

03
Mountain
산 이 있 어 서 내 가 있 다

원고를 쓰기 위해 지도를 여는 순간 아찔했다. 서울이 너무 커져 버려서. 지금 이 순간에도 지하철 노선이 실핏줄처럼 사방으로 연장되는 중이고 변두리 지역은 재개발 구역이 되어 고층 아파트 단지가 들어서고 있으니 이제 어디부터 어디까지 서울이라 말해야 할까. 지역 자치를 논할 때야 행정구역상으로 나누면 되겠지만 산에 대해 논할 때는 그런 구분이 무의미하다. 여기서 지리학자 여암 신경준의 '산자분수령(山自分水嶺)'을 언급하지 않을 수 없다. "산은 스스로 물을 가르는 고개가 된다." 산은 물을 가르지만 물은 산을 넘지 못한다는 말. 산은 하나의 줄기로 끊임없이 이어져 있다는 말.

그래서 범위를 정했다. 봉우리나 산줄기가 행정구역상 '서울'에 닿아 있는 산에 한하기로. 산은 지역과 지역의 경계에 솟아 있다. 도봉산은 서울시 도봉구와 경기도 양주시·의정부시에 걸쳐 솟아 있고, 관악산은 서울시 관악구와 경기도 안양시·과천시에 걸쳐 솟아 있다. 혹시 알고 있는가. 서울 남쪽 관악산에서 한강을 건너지 않고 서울 북쪽 도봉산까지 갈 수 있다는 사실을. 관악산에서 산줄기를 타고 계속 올라가면 한남정맥에 닿는다. 한남정맥은 백두대간으로 이어진다. 백두대간을 타고 북쪽으로 또 계속 올라가면 한북정맥에 닿는다. 한북정맥 위에 있는 산을 넘고 고개를 지나 또 오르고 오르면 도봉산과 만난다. 그렇게 서울의 산은 모두 이어진다.

산이 있어서 서울이 있다

많은 사람들이 서울을 대표하는 산으로 북한산을 꼽는다. 해발 836m로 서울의 산 중에서 가장 해발고도가 높고 강북구에서 경기도 고양시까지 동서를 가로지르며 병풍처럼 펼쳐진 능선을 올려다보면 저절로 서울을 지키는 산이라는 생각이 든다. 외국에서 친구가 왔을 때 북한산에 데려가면 십중팔구 '부럽다'며 감탄한다. 수도 한복판에서 이토록 멋진 기암괴석의 산을 바라볼 수 있고 그 산의 입구까지 도착하는 시간이 대중교통으로 1~2시간도 걸리지 않는 것이 외국에서는 무척 이례적이라는 것이다. 네팔 히말라야도 카트만두에서 버스를 타고 10시간 이상 이동해야 산 근처에 진입할 수 있다. 이탈리아, 스위스, 프랑스 세 개 나라에 걸쳐 솟아 있는 알프스도 도심에서 수백 킬로미터 떨어져 있다. 그러니 도심 어디서든 마음만 먹으면 산에 오를 수 있고, 또 그 산 위에서 마음만 먹으면 금세 다시 도심으로, 내가 사는 동네로, 집으로 내려올 수 있는 서울이야말로 '산의 도시'라고 말할 수 있지 않을까. 풍수지리설에서 꼽는 가장 이상적인 삶의 조건인 '배산임수(背山臨水)'에 서울의 삶이 부합할 수 있는 것도 바로 산이 있어서 아닌가. 강북, 강남, 강서, 강동 어디든지 중심지에서 10km 정도만 벗어나도 산과 만난다. 서울의 젖줄 한강의 기원을 찾아 오르다 보면 궁극에는 산에 닿는다. 그러니 이쯤 되면 산이 있어서 서울이 있다고도 말할 수 있지 않을까. 산 위의 수많은 봉수대를 봤을 때 아마 산 없이는 오늘의 서울도 없었을 거라고 감히 단언해본다.

북한산, 가장 처음 오른 서울의 산

서울의 산 중에서 가장 처음 오른 산은 북한산이다. 2009년, 출판사 편집자 시절에 출판인협회산악회에 가입해 몇 번의 정기산행을 따라다녔다. 그때 처음 오른 산이 북한산이다. 그해의 안전산행을 기원하며 전국의 산악회마다 4월 주말 하루를 잡고 시산제를 여는데 마침 내가 처음으로 산악회에 합류한 날이 시산제를 지내는 날이라 인심 넉넉한 선배님 틈에 앉아 편육이며 전, 국수, 시루팥떡 등을 배불리 먹은 기억이 떠오른다.

북한산은 그 크기만큼 정상으로 이어지는 등산로도 정말 많았다. 불광동에서 출발해 족두리봉-향로봉-비봉-문수봉으로 이어지는 비봉 능선길, 세검정 상명대에서 출발해 구기분소와 깔딱고개를 통해 오르는 길, 은평동 진관사에서 출발해 비봉 능선에 합류하는 길, 북한산성 입구에서 출발해 대서문-대남문-대동문을 이어 오르는 12성문길, 화계사에서 오르는 칼바위 능선길, 우이동에서 오르는 진달래 능선길, 도선사에서 출발해 하루재를 넘어 오르는 길 등.

2012년 1월 월간 〈사람과 산〉으로 직장을 옮기면서 더욱 부지런히 산에 다녔다. 물론 북한산을 오르는 일도 잦아졌다. 하루 기준으로 전국에서 가장 많은 인구가 오르내리는 북한산에서는 사시사철 많은 사건사고가 일어났다. 그 가운데 산을 오르던 누군가가 더 이상 산에 다닐 수 없을 만큼 다쳤다거나 결국 목숨을 잃었다는 소식을 접할 때면 며칠은 우울했다. 좋아하는 산에서 다시는 산에 갈 수 없을 정도로 다치거나 죽는 것에 형언할 수 없는 허무함과 무력감을 느꼈다. 하지만 이러한 혼란스러운 마음에도 아랑곳없이 산은 자신을 오르는 이들에게 여전히 기쁨과 슬픔을 동시에 주면서 아무 말 없이 자기의 자리를 지키고 서 있을 뿐이었다.

2019년 12월까지만 해도 깔딱고개를 넘어 위문으로 오르는 산길에 현재는 국립공원 관할 백운대피소가 된 백운산장이 있었다. 그리고 백운산장에는 지금은 이 세상을 떠나신, 산악인들 사이에서는 '영구 할아버지'로 통하는 산장주인 이영구 선생님이 사셨다. 오가는 산 사람들에게 바람 피해 쉬어갈 자리를 내어주는 산장지기로서 72년을 보내신 선생님 내외. 〈사람과 산〉 북한산 산행 기사를 준비하며 찾아뵌 영구 할아버지로부터 산과 함께했던 당신의 어렸을 적 이야기, 백년가약도 이곳 산장에서 했다는 이야기를 듣던 날은 2012년 2월의 칼바람 불던 어느 밤, 산장 쪽방에 뜨겁게 달궈진 전기장판 위에서였다. 영구 할아버지께서 난로에 구워주신 고구마를 먹으며 세상 어디에서도 들을 수 없는 진귀한 삶의 이야기, 산의 이야기를 듣다가 자정 무렵 밖으로 나와 올려다본 하늘의 별과 달은 어제의 일인 듯 선명하게 빛난다.

산 정상에 서면 서울이 아주 작게 보였다

북한산 정상에 오르자 다른 산이 보였다. 이 산에서 저 산으로 가고 싶었다. 그렇게 서울의 크고 작은 산을 찾아 올랐는데 그중에는 북한산에서 출발해 도봉산, 사패산, 수락산, 불암산으로 이어지는 강북 5산이 있었다. 각각의 봉우리를 따로따로 오르기도 했고 두 개의 산을 이어 오르기도 했다. 그러다가 2014년 여름, 장장 45km에 이르는 강북 5산을 하루 만에 종주하는 산악 마라톤 대회 이야기를 들었다. 산을 포함한 모든 자연의 길을 달리는 트레일러닝(Trail running)을 시작한 해였다. 바로 도전하고 싶었다. 하지만 욕심을 낸다고 될 일이 아니었기에 내가 지금보다 더 강한 사람으로 성장했을 때 강북 5산을 달려서 종주하겠다고 다짐했다.

강남 5산은 그사이에 오른 산이었다. 서울을 에워싸고 있는 산 중에서 가장 남쪽에 솟아 있는 해발 618m의 청계산에서 출발해 우담산, 바라산, 백운산, 광교산으로 이어지는 27km 능선 종주를 사람들은 앞뒤 산의 머리글자를 따서 청광종주, 광청종주라고 불렀다. 2016년 여름, 한국산악마라톤연맹 청광종주 트레일러닝 대회에 출전해 4시간에 걸쳐 강남 5산을 달렸다. 묵직한 두 다리를 옮겨 오르는 산 위에서, 거친 호흡을 몰아쉬며 다다른 정상에서, 나는 삶의 그 어느 순간보다 온몸으로 살아 있음을 느꼈다.

산 정상에 서면 서울이 보였다. 내 두 발아래로 서울 시내가 아주 작게 보였다. 복잡한 고가도로도, 온갖 소음과 욕망으로 가득한 거리도, 수억대의 빌딩과 집들도 점처럼 아주 작게 보였다. 세상에서는 그토록 커 보였던 것들이, 너무 커서 이유없이 나를 작아지게 했던 모든 것들이, 산 위에 서면 거꾸로 아주 작게 보였다. 바라보는 일은 중요했다. 아무것도 아닌 일인데, 그저 그렇게 정상에 서서 도시를 바라만 봤을 뿐인데, 그 시간이 쌓이고 쌓이면서 어느 순간 이 세상이 별것 아니라는 생각이 들었다. 별것 아니네, 여기서는 보이지도 않는 것들로 불편해하고 괴로워하고 있었네, 이제라도 스스로를 다그치지 말아야지, 내가 아니어도 어떻게든 되겠지, 이런 나라도 어떻게든 되겠지, 나도 할 수 있겠지. 생을 향한 그 차오르는 의지가 좋아서, 산 아래에서 나를 기다리는 일상이 그리워 삼성산, 관악산, 안산, 인왕산, 용마산, 아차산 등 서울 동서남북의 산을 오르고 올랐다. 그리고 작년 여름에는 약속대로 강북 5산도 달려서 종주했다.

정상에 서서 얻은 '할 수 있다'는 마음으로, 능선 위에서 얻은 '갈 수 있다'는 마음으로 그동안 많은 것에 도전했고 많은 곳을 여행했다. 해야 하는 일 앞에서는 묵묵히 산을 오를 때의 인내로, 하고 싶은 일 앞에서는 가고 싶은 산으로 향할 때의 열정으로 밀고 나갔다. 그러다 실패했을 때는 새로운 산을 향할 때의 희망으로 스스로를 다독였다. 그러다 어떠한 선택도 할 수 없을 때는 뒷산에 갔다. 뒷산을 오르고 달리다 돌아오면 기분만큼은 분명하게 좋아져 있었다. 그리고 그 기분으로 조금씩 천천히 다음을 기대할 수 있었다. 2021년, 고향을 떠나 홀로 서울 생활을 한 지 16년에 접어들었다. 비빌 언덕 하나 없이 시작했던 낯설고 막막하고 외로웠던 나의 서울 생활이 이토록 부족함 없이 눈부시고 풍요로울 수 있었던 건 산이 있어서 아닐까. 산이 있어서 서울이 있다. 산이 있어서 내가 있다. **Writer** 장보영 〈아무튼, 산〉 저자

More Information

서울 산 여행자들을 위한 유용한 팁

① **Mountains in Seoul**
강북5산과 강남5산

'강북5산'은 북한산, 도봉산, 사패산, 수락산, 불암산을, '강남 5산'은 청계산, 우담산, 바라산, 백운산, 광교산을 이른다. 최근 몇 년 사이에 산악인들에게 크게 유행한 것이 이른바 '종주'인데 '청광종주'라 불리는 강남5산 종주는 25km, '불수사도북' 강북5산 종주는 총 48km에 이르는 구간을 한번에 주파하는 것이다. 여기서 강북, 강남은 한강의 북쪽, 남쪽을 의미하며 서울을 중심으로 경기도에 이르는 구역까지 포함한다.

② **Advice for Bukhan Mountain Travel**
북한산 여행자들을 위한 조언

서울에서 가장 높은 산은 북한산(837m)이고 그다음은 도봉산(740m), 수락산(638m), 관악산(632m) 순이다. 북한산의 최고봉인 '백운대'까지 이르는 등산 코스는 수 십 가지에 이르는데, 가장 유명한 '북한산성코스'를 포함해 '숨은벽능선코스', '의상능선코스' 등이 있다. 문수봉까지만 오르는 '비봉능선코스'는 불광역 또는 독바위역에서 출발하여 족두리봉을 거쳐 문수봉에 올라 하산하는 코스로 초보자도 무난하게 즐길 수 있는 9km 구간이다. 등산로에 접어들자마자 시원하게 펼쳐지는 도시의 전망이 아름다워 등산의 재미가 느껴진다.

③ **Walking Trails around Bukhan Mountain**
북한산 둘레길

북한산을 감아 도는 북한산 둘레길은 전체 71.5km, 21개의 다양한 코스가 있다. 한 코스가 2~4km 내외, 난이도가 다양해 누구나 도전할 수 있다. 이 중 서울 우이동에서 경기 양주시 교현리를 연결하며 2010년 개방된 21번째 탐방 코스, '우이령길'은 우이령 계곡과 숲을 함께 느낄 수 있는 코스로 노약자도 걸을 수 있을 만큼 편안하다. 다른 구간과는 달리 전화, 인터넷을 통해 예약하고 탐방해야 한다. ⓒ 02-998-8365(우이탐방지원센터), 031-855-6559(교현탐방지원센터)

④ **Dining and Cafes around Bukhan Mountain**
북한산 주변 맛집 리스트

북한산우이역 부근의 우리콩순두부, 우이동 계곡의 개나리 산장, 북한산성쪽에서 가까운 온천칼국수, 진관동의 산들애건강밥상과 홍익돈까스는 〈아무튼, 산〉의 저자 장보영이 추천하는 식당들이다. 차 한잔 하며 쉬어 갈 만한 곳으로는 산아래, 할아버지카페, 아트아프리카, 카페 릴렉스 등을 추천한다.

⑤ **Place to Visit**
동네 한 바퀴

1522년 창건된 절, 화계사는 서울둘레길 8코스의 북한산 구간에 해당한다. 화계사 방문을 위해 지하철 우이신설선 화계역에 내리면 골목길에서 수유동 토박이, '삼양탕'을 만날 수 있다. '삼양탕'은 50년의 역사가 녹아있는 오래된 목욕탕이다. 같은 건물에는 화계사 방문자와 북한산 여행자들을 위한 숙소 '삼양여관'이 있다. 오래된 여관은 최근 젊은 감각으로 리모델링을 마치고 따뜻한 감성의 숙소와 카페로 변신해 수유동 골목을 밝히고 있다. '삼양여관'의 1~2층 카페에서 로얄밀크티, 목욕탕 로고가 귀여운 브라우니 등을 즐기며 오래된 동네의 정취를 느껴보자.

삼양탕
📍 서울 강북구 덕릉로8길 6
📞 02-983-2890
🕐 05:00~20:00, 화요일 휴무
요금 어른 5,000원 소아 3,000원

삼양여관(카페)
📍 서울 강북구 덕릉로8길 6
📞 010-9774-0417
🕐 10:00~22:00, 월요일 휴무
대표메뉴 카페라떼 4,000원, 티라미수 4,000원, 앙버터스콘 3,500원

04
Village
지 금 ,   여 기 ,   북 촌

생명이 존재하는 모든 것은 옷이나 신발처럼 유행을 탄다. 지역도 마찬가지다. 관광지가 조성되고, 사람들이 몰려들면 이내 무슨 길, 무슨 거리가 생겨나면서 공급 과잉과 획일화의 문제를 동시에 겪는다. 반짝 유행에서 탄생한 거리나 사진 찍기 좋은 카페는 반짝임이 끝나버리면 이내 화려했던 흔적만 남기고 원래대로 돌아가기 일쑤다.

우리는 그간 서울의 크고 작은 동네들이 유행을 따라 서로를 흉내 내다가 비슷비슷한 아류작이 되어 소멸하는 과정을 지루하게 지켜봤다. 보여주기식 이미지로만 소비되는 레스토랑과 카페는 대중의 적극적인 참여와 응원 대신 비협조적인 태도를 끌어낸다. 거대 자본이 몰려들어 뻔한 공식의 개발과 확장으로 동네의 고유한 스토리를 지우고, 개성과 그 개성을 일궈낸 사람들을 쫓아낸다.

어떻게 고유함을 지키며 과거와 현재와 미래가 조화로운 동네를 만들고 지속할 수 있을까? 어쩌면 북촌은 그 대답의 실마리를 내어줄지도 모른다.

부와 권력이 몰린 마을
첫 시작부터 틀렸다. 미디어는 간혹 북촌을 북촌한옥마을과 동일시하지만, 두 존재는 엄연히 다르다. 북촌은 경복궁과 창덕궁 사이, 북악과 응봉을 잇는 산줄기의 남사면에 위치하는 조선시대 양반층 주거지 전부를 말한다.

같은 양반임에도 계급과 신분에 따라 사회적 경계가 뚜렷했던 조선에서 북촌 거주는 그 자체로 특권이자 문화자본의 세습을 의미했다. 사료에 따르면, 당시 가옥의 건축지는 한성부에서 신청을 받아 지상권만을 분양한 것이다. 현재로 대입하면, 북촌은 부와 권력을 모두 잡은 실세들이 거주하는 초호화 타운, 남촌은 말단 공무원이나 가난한(?) 학자들이 모여 사는 중형 아파트쯤이라 하겠다.

흥미롭게도 일제강점기 일본인들은 북촌 대신 남촌에 전용 마을을 형성했으며, 주변 지역을 아울러 '남북촌'이라 칭했다. 이 시기 북촌이라는 단어는 남촌과 대비되는 한국인 터전이자 가난, 학대, 억압을 지칭하는 고유명사처럼 사용됐다. 조선의 권력과 부는 반세기도 못 돼 청계천 물길을 따라 아랫마을로 이동했으며, 그때 북촌의 정신도 어딘가로 흘러갔다고 믿는다.

북촌한옥마을은 현재의 가회동, 삼청동, 원서동, 재동, 계동 일대에 해당한다. 원래도 부자들이 밀집한 마을이었지만 1920년대만 하더라도 지금처럼 마을이 하나 건너 한옥인 특구의 모습은 아니었다. 1930년대를 기점으로 서울 행정구역이 확대되고 도시 구조가 변하면서 일부 건설사들이 북촌의 대형 부지를 매입하기 시작했다. 그 자리에 중소 규모의 한옥을 집단적으로 건설한 것이 시초다. 100년 이상 역사를 갖춘 한옥은 모두 이 시기에 탄생했다.

이후 2000년대 초반부터 서울시와 정부가 앞장서 북촌과 한옥마을을 관리하면서, 북촌의 전성기는 다시 시작됐다.

* 참고 문헌: 이에나가 유코, 〈북촌 한옥마을의 서울학적 연구〉

북촌에 사람이 '산다'

'북촌에 사람이 살고 있다'라는 심플하면서도 정중한 메시지가 등장한 것은 2018년 즈음이다. 한동안 북촌 한옥마을은 방문객과 주민 사이의 마찰로 복잡한 문제를 겪었다. 서울 관광 붐에 힘입어 한옥마을의 인기가 지나치게 높아진 탓이었다. 인기 드라마와 예능 프로그램에서 한옥마을을 단골 소재로 등장시키며 사람들의 호기심이 최고점을 찍을 때, 실제 마을에 거주하는 주민 스트레스도 그래프 위쪽을 한참이나 넘겨버렸다. 내가 사는 마을과 내 집이 잠자고 쉬는 휴식 공간이 아니라, 24시간 내내 사람들이 드나드는 편의점이나 동물원처럼 여겨지는 현상은 반갑지 않은 노릇이었다. 하루에도 몇백 명에 달하는 사람들이 마을 곳곳을 제집처럼 활보하며 바퀴로 돌담길을 긁고, 대문 사이로 불쑥 고개를 넣어 집안을 들여다봤다.

관광 활성화와 거주민 보호는 언제나 팽팽히 맞서는 문제지만, '북촌에 사람이 살고 있다'는 메시지는 그 해결을 외부인과 현지 거주민이 관계를 맺는 방식 또는 태도의 변화에서 모색해왔다. 마을 주민을 존중하는 조심스러운 방문은 단순한 진리였지만, 큰 승리를 가져왔다.

다른 예술이 움트고

현재 북촌에는 전통 기능 보유자 및 예술인들이 대거 모여 있다. 도예, 염색, 민속학, 한과, 전통 무용처럼 세월을 토대로 빛나는 장인이 대부분이다. 여기에 더해 영화, 사진, 비디오 아트, 실험 연극을 추구하는 젊은 예술가들도 꾸준히 북촌에 몰려든다.

이들은 각각의 재주를 내세워 공방과 체험 센터를 운영하고, 독특한 경험과 시간을 나누며 새로운 사람들을 불러 모은다. 창작 활동을 하는 신구 예술가들이 '전통'이라는 정체성에 다양한 색과 개성을 입히며 북촌의 미래를 열고 있다. 코로나가 세상을 바꾼 지금, 뜨내기 외지인과 관광객이 떠난 자리에 문화예술의 새로운 씨앗이 발아하고 있는 것이다.

이제 북촌은 그 자체로 하나의 작품이라 해도 손색없을 작은 이야기들의 집합이다. 오래된 궁과 한옥, 다양한 공방, 상점, 미술관, 식당, 카페 같은 다채로운 요소들이 단단한 매듭처럼 이어져 거대한 풍경을 만든다.

오랜 북촌을 새롭게 여행하기

뚜벅이 여행자는 주로 안국역에서 출발해 삼청동과 한옥마을을 둘러보고 경복궁 또는 창덕궁에서 하루를 마무리하는 북촌 탐방을 선호한다. 시간과 거리를 최대한 압축함으로써 보다 많은 여행지를 둘러보는 가성비 루트다. 특히, 북촌 명소와 포토 스폿을 하나로 연결한 '북촌 8경(▲1경 창덕궁 전경 ▲2경 원서동 공방길 ▲3경 가회동 11번지 일대 ▲4경 가동 31번지 언덕=북촌 전망대 ▲5, 6경 가회동 골목길 ▲7경 가회동 31번지 ▲8경 삼청동 돌계단길)'은 최적의 동선과 효율성을 자랑한다.

그러나 이 루트에 대한 욕심을 버리면 북촌을 조금 더 깊게 발견할 수 있다. 무엇보다 북촌한옥마을은 몇 시간 만에 둘러보기에는 체력적으로 부담이 크다. 골목과 언덕을 따라 빼곡하게 늘어선 예스러운 한옥과 독특한 문양의 기와, 오래된 돌담길은 속도보다 방향에 방점을 맞춘 여행자를 선호한다.

한편, 경복궁과 마주 보는 삼청동은 미술관과 갤러리, 카페, 보석 전문점, 레스토랑, 와인바가 자리하는 세련된 번화가이다. 딱히 뭘 사지 않아도, 타고난 부촌 마을의 입구로서 은은한 아우라를 풍기며 제 역할을 해낸다. 전보다는 위세가 약해졌지만, 실험적인 식당도 여전하다. 과거 고급 한식당으로 이름을 떨쳤던 용수산 건물을 개조한 '길운 구락부'나 한국식 다이닝을 표방한 '소선재', 홍콩 본토의 맛을 재현한 딤섬 전문점 '몽중헌'까지 선택지가 넉넉한 편이다.

북촌 장인들의 이야기와 공간을 찾아보는 것도 좋다. 북촌에서 전통 천연 염색 연구소인 '하늘물빛'을 운영하는 홍루까 대표는 국내뿐 아니라 세계적으로 가치를 인정받는 쪽 염색을 기본으로 모자, 티슈 케이스, 선물용 타월 등 다양한 제품을 구현하며 독특한 문화를 창조하고 있다. 좁은 한옥 마당을 가득 채운 천과 하늘보다 푸른 쪽빛으로 물든 작업복에서, 마을의 기본은 거주하는 사람들의 이야기임을 다시 깨닫는다.

Writer 김빅토

More Information

북촌 여행자들을 위한 유용한 팁

Place to Visit around Bukchon
북촌과 주변 지역 관광

하늘물빛 전통 천연염색 연구소
북촌에 위치한 천연 염색 공방으로 다양한 체험과 그림 및 제품 관람, 교육 등이 가능하다. 전통 매듭 장인인 어머니 조일순 씨와 대학에서 섬유공예를 전공하고 현재 쪽 염색을 배우고 있는 아들 홍성 씨까지 삼대가 장인의 이름으로 북촌에서 삶을 공유한다. 쪽 염색은 마디풀과의 여러해살이풀인 쪽을 이용하는 천연 염색으로 주로 짙은 검은색을 띤 남빛이다. 타월이나 티슈 케이스 등은 외국인이 앞다퉈 구매하는 선물이다. 특히 염색 체험은 세상에 단 하나뿐인 제품을 소유할 수 있어 인기가 좋은 편. 스카프 쪽 염색 체험은 30,000원 손수건 쪽 염색 체험은 10,000원 등이다.
📍 서울 종로구 북촌로15길 48
🕐 02-765-9970
🏠 naturaldye.co.kr

북촌목공예공방
45년간 목조각을 해온 대한민국 숙련기술 전승자 예경 신정철 선생과 이를 계승하고 있는 아들 신민웅, 그리고 그의 아내인 박은경 부부가 함께 운영하는 전시 및 체험학습 공간이다. 정갈하고 멋스러운 한옥에서 목공예 작품을 관람하고, 개인 체험으로 나만의 목공예 소품도 직접 만들 수 있다.
📍 서울 종로구 계동길 121-4
🕐 02-725-1061
🏠 namoosory.modoo.at

낙원(악기)상가
명실공히 세계에서 가장 큰 규모의 악기 상점이다. 과거보다 쇠퇴했지만, 여전히 낙원상가 2~3층에 걸쳐 약 300여 개의 악기 전문점이 자리한다. 악기 관련 사무실과 합주 연습실, 야외 공연장 등도 운영하여 처음 악기를 배우려는 입문자들이 많다. 탑골공원 및 종로 3가 부근에 위치한 덕분에 노년층 방문 비중이 높고 이들을 상대로 하는 저렴한 가격의 맛집이나 이발소, 한의원, 약방 등이 밀집해 있다.
📍 서울 종로구 삼일대로 428
🕐 1599-1968
🏠 enakwon.com
팁 포크음악을 좋아한다면, 낙원상가 2층의 경은상사를 방문해보자. 이곳은 낙원상가의 상징적 가게이자 고 김광석이 단골로 찾던 곳이다.

국립현대미술관 서울
1969년 개관 이래 한국 현대미술의 역사와 자취를 함께하며 대한민국을 대표하는 문화공간으로 성장했다. 1986년 과천, 1998년 덕수궁, 2013년 서울, 2018년 청주 개관으로 4관 체계를 만들었으며, 4관은 유기적이면서도 각각의 색깔을 지닌다. 이중 국립현대미술관 서울은 동시대를 아우르는 미술의 종합관이라는 찬사를 받는다. 특히 지하 1층에 위치한 '멀티프로젝트홀(Multi-project Hall)'은 다원예술, 퍼포먼스, 교육 등 다채로운 문화예술 행사가 펼쳐지는 융복합 공간으로 알려져 있다.
📍 서울 종로구 삼청로 30
🕐 02-3701-9500
🏠 www.mmca.go.kr
팁 코로나에 따른 사회적 거리두기로 모든 전시는 온라인 사전 예약으로 감상이 가능하며, 당분간 단체예약은 불가능하다.

서촌 (세종마을)
경복궁 서쪽 동네를 지칭하며 통인동, 청운동, 효자동과 사직동 일대 그리고 인왕산 동쪽을 포함한다. 조선시대 한옥마을을 재현한 북촌과 달리 서촌은 1960~70년대 근대화된 서울과 골목을 모습을 간직하고 있다. 통인시장에서 박노수 미술관으로 향하는 길목이 가장 유명하며 이발소, 책방, 문구점, 방앗간, 양복점, 정육점 등 정겨운 가게들을 만날 수 있다.

통인시장
1941년 일제강점기 효자동 인근에 거주했던 일본인들을 위해 설립된 공설시장이 전신이다. 6.25 전쟁 이후 서촌지역 내 인구가 급증하면서 공설시장 주변으로 노점과 상점이 형성됐고 세월이 흐르며 현재의 형태를 갖추게 됐다. 육류, 채소, 청과, 식당, 반찬가게, 잡화 판매점 등 약 80여 개의 상점이 분포돼 있다.
📍 서울 종로구 자하문로15길 18
🕐 02-722-0911
🏠 tonginmarket.modoo.at
팁 히트상품은 엽전 도시락! 통인시장 도시락 카페는 마을기업 (주) 통인커뮤니티에서 운영하며, 엽전 판매처에서 엽전을 구입해 시장 내 도시락 카페 가맹점에서 원하는 음식을 고르면 된다. 엽전 1개당 500원으로 5,000원 정도면 충분하다. 이미 유명한 기름 떡볶이를 비롯해 떡갈비, 김밥, 각종 전, 분식 등 메뉴가 풍성하다. 1,000원 추가 시 공깃밥이나 따듯한 국도 제공한다.

②
Taste of Bukchon
주변 맛집 추천

비원 떡집
떡집 많기로 소문난 북촌에서도 가장 유명한 곳. 비원 떡집은 조선왕조 마지막 궁중음식 기능보유자인 한희순 상궁에게 솜씨를 전수받은 홍간난 창업주가 1949년 문을 연, 70년 전통의 가게다. 쌀, 팥, 각종 고물까지 떡에 들어가는 모든 재료는 최상급의 국산 재료만을 선별해 사용하며, 손수 쌀을 빻고 찌고 만드는 모든 과정을 유지한다. SBS 〈생활의 달인〉, tvN 〈수요미식회〉, KBS 〈동네 한 바퀴〉까지 맛집 관련 인기 프로그램을 모두 섭렵했다.

📍 서울 종로구 율곡로 20
📞 02-765-4928
🕙 매일 10:00~18:00 (떡 소진 시 영업 종료)
🏠 www.biwon.net
대표메뉴 두텁떡 3,500, 쌍 개피떡(개당) 1,500, 잣설기 2,500

황생가 칼국수
〈미쉐린 가이드 서울 2021〉에 선정됐으며 구수한 맛이 일품인 소박한 식당이다. 2001년 북촌 칼국수로 시작해 2014년 지금의 황생가 칼국수로 상호를 변경했다. 당일 구매한 재료로 정성스럽게 빚어내는 만두와 사골과 버섯으로 국물을 내는 깊은 맛의 칼국수가 대표 메뉴. 옛날식 수육과 여름 한 철 선보이는 콩국수도 별미로 꼽는다.

📍 서울 종로구 북촌로5길 78
📞 02-739-6334
🕙 매일 11:00~21:30(명절 당일 휴무)
대표메뉴 사골 칼국수 9,000, 버섯전골 16,000, 왕만두 9,000
🏠 황생가칼국수.com

05
Taste
서울은 국물의 도시다

"손님 여러분, 이 비행기는 약 50분 후 인천 국제공항에 도착합니다. 지금 서울의 날씨는 몇 도, 습도는…"이라는 말이 들릴 때의 마음을 기억한다. 1주짜리 해외 출장이든 2개월짜리 연수든 귀국 직전에 한국 음식이 가장 먹고 싶다. 그때 가장 간절한 음식, 인천공항에 내려서 짐을 받자마자 먹으러 가게 되는 음식은 뭘까. 해외 출장 경험이 많은 사람들은 인천공항역 지하 1층에 있는 봉피양에 간다. 냉면이든 갈비탕이든, 그곳에는 국물이 있다.

해외를 다니다 보면 한식의 각종 요소는 다른 아시아 음식으로 얼추 대체할 수 있음을 깨닫는다. 쌀이라면 중국, 태국, 일본 음식점에 가면 된다. 인도 카레집의 가장 매운 카레는 엽기떡볶이만큼 맵다. 국물만은 대체가 되지 않는다. 숟가락으로 떠먹도록 설계된 서양의 수프는 한국인의 입맛에 조금 옅다. 면발의 소스로 설계된 중식이나 일식의 국물은 너무 짜거나 진하다. 숟가락으로 떠먹다가 결국에는 그릇째 들어서 끝까지 마시고 나서 '아, 잘 먹었다' 싶은 미소를 지으려면 한국의 국물이어야 한다.

국물 속 리얼리티

서울은 한국의 수도이니 내게는 서울 역시 국물의 도시다. 누군가는 다른 서울의 맛 같은 걸 이야기할 수도 있겠다. 조금 더 값나가 보이는 한식이나, 서울식 파인 다이닝이나, 서울에서 즐길 수 있는 세계의 다양한 음식 같은 것들. 나는 다 관심 없다. 누군가 내게 서울의 맛을 물을 때 내가 자신 있게 말할 수 있는 건 언제나 국물이다.

국물이 엄밀한 의미의 고급 음식은 아니다. 고급 음식이 될수록 식재료 자체의 맛을 최대한 변형 없이 살려 접시 위에 올린다. 날것을 다듬거나 살짝 데치거나, 곱게 찌거나 적당히 굽는다. 이런 것이 고급 음식이다. 튀기거나, 푹 삶거나, 국물을 우려낸 음식은 값싼 식재료의 단점을 최소화하고 장점을 극대화하는 조리법이다. 맛과 품질을 떠나 사치품이라 할 수는 없다. 한국이 빈국이었던 기억이 서울의 국물 음식에 남아있다고 하면 과장일까. 한국전쟁이 끝난 1953년 남한은 세계에서 가장 가난한 나라 중 하나였다. 식자재 원가 면에서 국물이 효율적인 것만은 사실이다.

사치와 품질이 늘 비례하지는 않는다. 국물 역시 마냥 간단하고 값싼 음식이 아니다. 음식에 들어가는 자원과 노력의 투입량으로 보면 국물 요리는 재료비가 저렴한 대신 인건비가 계속 필요하다. 좋은 국물을 만들기 위해서는 연이어 거품을 걷어내는 정성이나 순서대로 육수 재료를 넣는 등의 비법이 필요하기 때문이다. 파인 다이닝이 공예라면 국물은 규모의 경제다. 많이 끓일수록 진하고 효율적이다.

내가 좋아하는 서울의 식당 역시 국물이 뛰어난 식당이다. 앞서 말한 이유로 나는 서울의 파인 다이닝과 값비싼 고깃집과 깊이 있는 척하지만 와인 리스트만 봐도 얄팍한 티가 나는 고가 식당에는 아무 관심이 없다. 반면 국물 음식에는 이 도시에서 발을 딛고 하루하루 견디고 국물을 마시며 살아온 사람들의 리얼리티가 있다. 내게는 그 리얼리티야말로 서울의 특산물이고, 이 도시에서 내가 가장 자랑스러워하는 부분이다.

서울의 국물 집

국물에도 종류가 많다. 소고기 국물이 먹고 싶을 때는 마포옥이나 대흥설농탕에 간다. 마포역 근처 마포옥은 요즘 한우의 맛을 반영한다. 한국인들이 기름 맛을 알기 시작하면서 한우는 본래의 특징과 달리 점점 지방/마블링을 늘리며 농후한 맛을 내는 고기가 되고 있다. 마포옥 설렁탕은 그 특징을 머금은 듯 사치스러운 국물 맛이 난다. 장한평역 근처 대흥설농탕은 옛날 한우 국물 맛이 이랬겠구나 싶은, 고소하면서도 고급스러운 맛의 국물을 우린다. 사치스러움과 고급스러움의 차이를 알고 싶다면 두 집 설렁탕 국물을 번갈아 먹어봐도 좋겠다.

개인적으로는 서울의 소고기 국물보다 멸칫국물 요리를 더 좋아한다. 서울은 고급문화보다는 서민 문화가, 값비싼 것보다 적당한 것이 더 아름다운 도시다. 그 면에서 멸치와 건어물로 국물을 내는 식당이 나의 서울의 보물이다. 익선동 찬양집 해물칼국수는 가격과 유명세를 떠나 절대적인 맛이 훌륭하다. 매일 자가제면을 하는 면의 탄성, 밀가루 전분이 국물에 섞여 찐득해진 감촉 사이로 조개와 멸치 등 등 해산물의 짭짤한 감칠맛이 올라온다. 그 맛 때문에라도 젊은이와 장년층 사이를 지나치며 익선동에 간다.

맑은 멸칫국물도 좋다. 이런 계통으로는 삼각지 옛집국수를 좋아한다. 맑게 우려 투명한 멸칫국물 속에 찬물로 헹구어 탄력을 극대화한 국수 한 주먹이 들어 있다. 이런 음식은 잘 쓴 산문처럼 즐기기는 쉽지만 만들기는 어렵다. 삼각지는 국방부와 근처 외국인과 동네 사람들과 아모레퍼시픽 권역 대기업 직원들이 엇갈리며 서울의 다양한 인구표본을 보여주는 곳이기도 하다. 지금의 서울은 급격히 개발되며 구별, 동별, 아파트 단지별로 동질화된 소규모 공동체가 되었기 때문에 인구 다양성을 볼 수 있는 곳이 점차 줄어든다. 옛집국수는 그 면에서도 소중하다.

소뼈 국물에 고춧가루 등을 더한 해장국 국물 역시 서울만의 맛이다. 서울에 오래 살았다면 나만의 해장국집이 하나쯤 있을 것이다. 내 마음속 서울 해장국집은 구기동 장모님 해장국이다. 중장년층 거주지라서인지 등산객을 노려서인지 해장국집 중에서는 맛이 덜 자극적이다. 서울이 세계의 다른 대도시와 확연히 구분되는 특징 중 하나는 시내 곳곳에 본격적인 산이 있다는 점이다. 산에서 불어오는 깨끗한 바람을 느끼며 선지해장국 같은 음식을 즐기는 거야말로 서울의 다이닝이라고 생각한다.

맛집을 골라 달라 하시면

국물은 그 자체로 서울과 한국의 상징 같기도 하다. 일단 국물이 되고 나면 어디서 어떻게 만들었는지, 그 안에 어떤 요소가 얼마나 들어있는지 알 수 없다. 국물은 그런 음식이다. 투명한 듯 불투명하고 의뭉스러운 듯한 동시에 담백하고 과정적으로는 뭔지 모르겠는데 결과적으로는 맛있다. 이거야말로 진짜도 가짜도 없고 친구와 적의 개념도 희미하고 과거와 미래가 뒤틀린 듯 뒤섞여 있는 21세기 서울 아닐까. 이런 생각을 하며 국밥을 한 그릇 시켜서 국물 한 방울 남기지 않고 털어먹고 나오는 것, 그게 서울을 즐기는 방법이라 주장하고 싶다.

이 원고의 요청 사항 중에는 서울 다이닝 추천 가이드도 있었다. 어디까지나 내 기호지만, 미슐랭 가이드보다는 빕 그루망이 더 맛있었다. 그러나 내가 가장 신뢰하는 지표는 해외 가이드가 아니라 무궁화 모양 간판이 붙은 구별 모범음식점이다. 한국 공무원의 미감은 몰라도 미각은 정말 믿을 수 있다. 구별 모범음식점에 가서 실망한 기억이 없다. 아울러 왜인지는 모르겠는데 박찬호의 사인이나 이명박의 기념사진이 있는 곳은 100% 맛있다. 해당 인물에 대한 선호와는 아무 관계가 없다.

Writer 박찬용 〈요즘브랜드〉〈잡지의 사생활〉 저자

More Information
국물 성애자를 위한 서울 맛집 리스트

① From the Article
필자의 국물 추천 식당

봉피양
고깃집 '벽제갈비'의 세컨 브랜드로 서울 전역에 지점이 많다. 돼지갈비부터 곰탕까지 메뉴가 다양한 것이 특징인데 특히 육향이 깊은 '냉면'은 냉면에 있어 지존인 '우래옥'과 어깨를 겨룰 정도다.
📍 서울 서초구 강남대로283
☎ 02-522-9291
🏠 www.bjgalbi.com
🕐 11:30~22:00
대표메뉴 평양냉면 14,000원, 돼지갈비 27,000원

마포옥
1941년부터 삼대째 운영 중인 노포. 한우로 고아 낸 진한 국물이 일품인 양지설렁탕과 차돌탕이 대표 메뉴다. 시원하고 아삭한 김치와 깍두기가 설렁탕과 잘 어울린다. 신김치나 파김치파는 청하기만 하면 된다.
📍 서울 마포구 토정로 312
☎ 02-716-6661
🕐 07:00~22:00, 연중무휴
대표메뉴 양지설렁탕 15,000원, 차돌탕 25,000원, 차돌수육 55,000원

대흥설농탕
1977년 개업한 답십리의 터줏대감이다. 오직 사골과 양지로 오래 우려낸 진하고 깨끗한 설렁탕 국물은 가격대비 동급 최고라 할 수 있을 듯. 해장국은 오전 10시까지만 가능한 오전 메뉴다.
📍 서울 동대문구 한천로 60
☎ 02-2249-3939
🕐 06:00~21:00, 일요일 휴무
대표메뉴 해장국 7,000원, 설농탕(특) 10,000원(13,000원), 수육 30,000원

찬양집
1965년 개업한 익선동 작은 골목의 노포다. 직접 빚은 푸짐한 손만두 6개와 오랜시간 끓여낸 해물칼국수는 둘 다 놓칠 수 없는 맛. 신김치와 겉절이 두 종류의 김치를 입맛대로 고를 수 있다.
📍 서울 종로구 돈화문로11다길
☎ 02-743-1384
🕐 10:00~21:00, 일요일 휴무, 명절 휴무
대표메뉴 해물칼국수 7,000원, 김치/고기 만두 7,500원

옛집국수
삼각지역 부근에 있는 국숫집이다. 맑은 멸칫국물로 맛을 낸 온국수, 칼국수, 수제비 그리고 소박하지만 할머니 손맛이 느껴지는 김밥이 맛있다. 국수 한 그릇에 과거로의 여행이 가능한 곳.
📍 서울 용산구 한강대로62길 18
☎ 02-794-8364
🕐 06:00~21:00, 토요일 휴무
대표메뉴 온국수 4,000원, 칼국수 5,000원, 수제비 5,000원, 떡만둣국 6,000원

장모님 해장국
구기동을 대표하는 해장국집으로 선지, 양, 우거지가 듬뿍 들어간 맑고 시원한 국물이 일품이다. 선지의 양이 많아 호불호가 갈릴 수도 있으니 참고할 것. 맵지 않고 건더기가 많은 것이 특징이다.
📍 서울 종로구 진흥로 421
☎ 02-379-4794
🕐 06:00~21:00 연중무휴
대표메뉴 해장국 8,000원, 설렁탕 8,000원

② Oldies but Goodies
칼국수 따라 시간 여행

김포공항이 가까운 동네 강서구에서 30년 이상 오래 한자리를 지킨 칼국수 명가를 소개한다.

공항칼국수
1979년 개점하여 40년이 넘었다. 방송을 통해 소개가 많이 되어 이 근처에선 워낙 유명하지만 아직도 못 가본 사람들이 많다. 대표메뉴인 버섯칼국수 외에도 내장탕, 골뱅이무침, 수육까지 두루두루 잘하는 집이다. 미나리와 버섯이 가득 올려져 있는 국물이 끓으면 미리 삶아놓은 면 사리를 넣고 칼국수를 즐긴 후 남은 국물에 볶음밥을 해 먹는 것이 정석이다. 1인씩 개별 세팅을 해 주어 깔끔하다.
📍 서울 강서구 공항대로 18-1, 이스카이오피스텔 지하 1층
☎ 02-2664-9748
🕐 09:00~21:00
대표메뉴 버섯칼국수 8,000원, 수육 소 20,000원

등촌동 최월선칼국수
메뉴 이름이 칼국수가 아니라 '버섯매운탕'이다. 아낌없이 듬뿍 넣은 버섯을 샤브샤브처럼 먼저 건져 먹은 다음 그 국물에 국수를 넣어 끓이는 것이 이 집 칼국수를 먹는 순서다. 시원한 마지막은 역시 볶음밥으로 마무리. 우동면처럼 통통한 면발과 미나리가 들어가 시원하면서도 얼큰하고 매콤한 국물이 일품이다.
📍 서울 강서구 화곡로64길 68
☎ 02-3661-2744
🕐 11:30~21:30, 연중무휴
대표메뉴 버섯매운탕 8,000원(버섯 추가 7,000원)

The Old is New Classic
오래된 풍경의 힘

초를 다퉈 변하는 고속의 도시. 많은 게 어제와 다르고, 내일 또 서울은 크게 달라질 것이다. 그래서 느림이 더 소중해지는 순간들이 있다. 그때야 비로소 발견되는 귀한 풍경들이 있다.

Editor 양정훈　Photographer 이규열

01
변하지 않는 자리

백설기같이 소복하게 눈을 쌓아 올린 나뭇가지들이 산문(山門)을 서성인다. 성북동 길상사. 까치가 먼저 훌쩍 일주문을 넘는다. 활짝 창을 열어둔 법당에 함부로 찬 바람이 오가고, 보채는 사람 없어도 청소하는 보살의 손이 바빴다.

그때 기도를 마친 노부부가 말을 건넨다. "십 년 만에 왔는데 별로 달라진 게 없어요." 몇 마디 더 주고받다가 불전함을 닦던 보살의 마지막 인사가 이랬다. "건강히 계시다 또 오세요. 절은 어디 안 가요."

여기 오는 사람들은 시절마다 변했다. 어느 날엔가 가득 기도를 쌓았고, 다른 날엔 살거나 죽는 간절함이 있었다. 때론 가을이 붉어서, 허전한 마음 둘 곳이 없어서, 고요가 그리워 절에 찾았다. 사람은 언제나 출렁이고 있었다.

그래도 길상사가 허투루 애타지 않는다. 진영각은 그대로 북악산을 지키고, 눈은 오늘 밤에도 개의치 않고 내린다. 십 년이 지나도 여기는 여기일 것이다. 특별하지 않고 자랑도 없이 그 자리에서 다만 깊어갈 뿐. 실은 그게 든든한 일이다.

02
기억의 길

볕 좋은 날 정동에 도착했다. 덕수궁 대한문과 던킨도너츠 사잇길로 들어서면 사연을 잔뜩 안은 건물과 돌담이 그림처럼 펼쳐진다. 따뜻한 커피 한 잔 사 들고 정동교회 예배당 앞 계단에 앉았다. 오가는 사람들을 구경하고 있으면 잠시 옛 기억이 떠올라 가만히 정동 위에 겹친다.

덕수궁 돌담길을 사랑하는 사람과 걸으면 헤어지고 만다는 속설이 있었다. 다 알면서도 나는 오래전 그날 그에게 반대로 말했던 것 같다. 지금처럼 날이 참 좋았고, 다만 사람을 들여다볼 때는 아주 많은 시간이 필요하다는 걸 그땐 잘 몰랐다. 아낀다, 그립다고 말할 때는 꽃처럼 말고 바위처럼 해야 한다는 것도 그땐 몰랐다. 돌담길을 따라 걷다 쓱쓱 담벼락을 어루만져 본다. 내가 미안한 것이 그에게였는지 아니면 나 자신에게였는지 여전히 나는 잘 몰랐다.

다른 기억도 있다. 면접에 또 떨어지고 갈 곳이 없어서 저기서부터 여기까지 한참을 헤맸지. 어느 정치인이 죽던 날 너무 서러워서 저기쯤 동지들과 모여 촛불을 태우며 울음을 쏟았지. 이문세의 노래처럼 후회도 찾아오고, 화도 찾아온다. 미련도, 침묵도 찾아온다.

정동은 변했지만 변하지 않았다. 정동교회부터 배재학당과 서울시립미술관까지 150년의 세월이 아직 단단하게 남아있다. 오래 정동을 걷는다. 나의 시간도 여기 몇 자 적혀 있을 것이다.

03
강의 속도

한강을 산책하면 종종 서울의 속도에 관해 생각하게 된다. 보강공사가 한창인 성산대교 아래를 지날 때면 굉음을 내며 쉬지 않고 지나는 자동차는 서울만큼 빠르고 바쁘다. 운동 나온 사람들은 열심히 최선을 다해 서로를 스쳐 지난다. 좀 전까지 놀이터를 채우던 아이들은 해가 지고 썰물처럼 빠져나갔다.

나의 서울살이는 흑석동에서 시작됐다. 반지하에는 내내 곰팡이가 폈고, 계단 아래로 딸린 화장실은 한 평짜리 공용 공간이었다. 마찬가지로 다 같이 나눠 쓰는 욕실에는 나름의 순번이 붙어 있었다. 그렇다고 초라하다 느낀 적은 없지만 대신 외롭다는 생각을 자주 했던 것 같다. 없어진 빨래를 찾아 이 방 저 방 기웃거리는 것도, 잘 보이지 않는 미래를 더듬더듬 찾아보는 것도 다 외로운 일이었다.

나는 텅 빈 기분이 들 때마다 한강으로 나가 한정없이 걷다가 돌아오곤 했다. 한 시간, 두 시간 같은 방향으로 흐르는 강을 따라갔다. 다리가 아프다는 생각이 빈 마음을 폭삭 덮을 때까지. 돌아올 때는 걸을 힘이 조금도 남지 않아서 버스를 타고 오는 일이 많았다. 대신 그 밤엔 떡볶이나 순대나 맥주를 실컷 먹고 밤새 든든한 잠을 잤다. 강물은 아무것도 하지 않았다. 그냥 같이 흘러주었을 뿐.

상도동으로, 합정동으로, 망원동으로 이사를 다니는 동안 나는 많이 변해있었다. 사람도, 속력도, 방향도. 그래도 여전히 한강을 따라 지칠 때까지 걸어야 하는 삶이다. 강은 아무것도 하지 않는다.

저 자리에 잘 남아 흘러줄 뿐. 무른 땅을 움켜쥐고 저기 저 개화나무 잘 남아 버텨줄 뿐.

04
울어도 되는 곳

서울은 격동의 도시다. 쉴 새 없이 요동친다. 또 밖으로 밖으로 뻗어 나가는 강력한 원심력의 도시이기도 하다. 그래서 오히려 나는 안에서 잡아주는 힘에 관해 더 자주 생각하게 된다. 삶도 도시와 마찬가지일까. 우리를 지켜내는 건 결국 구심력이 아닌가 생각한다.

삶의 속도가 어느 순간 너무 빨라서 잠시 가속도의 페달에서 발을 떼야 할 때. 쌓였던 울음을 한번은 와락 뱉어내야 다시 앞으로 나아갈 수 있을 때. 그때 찾아갈 곳이 누구나 필요하지 않는가. 긴 세월 그 자리에 있어 준 낡은 골목 늙으신 어머니처럼. 저기 그 풍경들이 내색 없이 안에서 서울을 꼭 붙들고 있다.

Seoul Luxury
서울 럭셔리

탁월한 크리에이터들의 작업에는 클래식을 복기하고 이어가는 일, 완벽하게 새것을 창조하는 일, 그리고 전통에서 받은 영감으로 움직여 가는 일들이 있다. 하나 같이 소중하고 대단한 일이다. 과거를 연구하고, 수집하고, 재해석해내는 일은 시간과 에너지의 고요하면서도 강력한 집결과 감히 범접할 수 없는 내공이 필요한 일이다. 그런 사람들이 모여 서울의 럭셔리를 만든다.

Editor 조은영 Photographer 이규열

명품 한국자수의 아름다움

한상수 자수박물관은 전통을 이어가는 곳이다. 김영란 관장은 말한다. "전통과 현대는 각기 유리된 것이 아니다. 우리의 삶 속에 전통이 담겨있고 그 양분을 통해 현재와 미래를 만들어가는 것이다. 따라서 전통은 이어가는 것이 아니라 살아가는 것이다." 김영란 관장은 국가무형문화재자수장으로 지정된 고 한상수 선생(1932-2016)의 장녀이자 이수자다. 2012년 폐관했던 박물관을 2019년 성북동에서 다시 열었다.

한상수 자수박물관은 작지만 크다. 오묘하게 빛나는 돌과 바위, 하늘거리는 봉황의 깃털, 불면 날아갈 것 같은 구름과 금방이라도 고개를 돌려 눈이 마주칠 것 같은 새들의 강력한 눈매, 자수 속의 풍경은 꿈속에서나 마주칠듯 한 듯 몽환적이고 아름답다. 어느 하나도 두드러지지 않는 은은한 색의 조화는 단아하고 고요했으며, 그 품위 있고 고고한 자태는 에르메스 스카프의 문양보다 아름다웠다. 극상의 아름다움은 예술과 미술의 영역과 범위를 벗어나 누구나 알아챌 수 있는 것, 한 번 보면 감탄을 금할 수 없는 명품의 자태를 한 사람이라도 더 마주하길 바란다.

자수는 찔러 넣는다의 '자'와 여러가지 색을 뜻하는 '수'의 조합이다. 한가닥의 실을 이어 조형을 이루는 예술 작업이며 셀수 없는 반복과 고단함의 흔적이자, 인내의 성과물, 숙련의 선물이다. 과거 한국자수는 서화와 함께 귀족 여성들의 예술이었다. '금수강산', '금심수구' 등의 성어만 떠올려도 자수의 미적가치는 과거부터 높게 평가받아 왔다는 것을 알 수 있다. 삼국시대부터 유래됐고, 근대 이후 끊어지고 있던 한국자수의 맥을 이은 것은 한상수 자수장의 역할이 크다. 그는 70년대 '조선수'로 불리던 우리 자수를 '전통자수'라 최초 명명하며 궁중자수, 전통자수들을 연구하고, 찾아내 복원했다. 삼국시대 한국자수의 탁월함은 그와 김영란 관장이 2007년에 함께 재현한 〈천수국수장〉에서 증명된다. 이 작품은 7세기 일본 아스카시대 쇼토쿠 태자의 명복을 빌기 위해 제작된 불화자수다. 제작과정에 고구려 장인이 참가했다는 기록이 있었다. 모녀는 수 차례 일본을 오가며 유물을 연구, 관찰한 뒤 김영란 관장은 자색능문라지 바탕천을 직조하고, 한상수 장인은 그 천에 수를 놓아 〈천수국수장〉을 완벽히 재현해냈다.

생전 수 많은 아티스트들과 교류하며 지냈고, 조계사 옆 갤러리를 열었던 신여성이었던 한상수 자수장은 전통의 계승 만큼, 시대에 맞는 새로운 미학을 창조하는 것을 중요하게 생각했다. 그것이 예술인의 몫이라 생각했었던 창작인이며 작가였기 때문이다.

한상수 자수박물관
한국자수의 자료들을 수집, 보관하고 있는 소규모 박물관이다. 작품 관람 외에 원데이 클래스 등에도 참여할 수 있고 자수 기념품들도 구입 가능하다. 한국자수를 본격적으로 배우고 싶다면 김관장이 사사하는 프라이빗 강의에 참여할 수 있다.

선잠박물관
한상수 자수박물관이 위치한 성북동에는 선잠박물관이 있다. 선잠제와 사적83호 선잠단을 근간으로 건립되었고, 국가의례, 전통의생활 등을 중심으로 꾸준히 전시를 열고 있다. 뽕잎이 나기 시작하는 음력 3월, 잠월에는 성북동의 '선잠단'에서 선잠제를 지낸다. 선잠제는 고려시대부터 조선 말까지 역대 왕실에서, 잠신 서릉씨에게 양잠의 풍요를 기원하며 지내던 전통 제례의식을 재현한 것으로 의례속에서 음악, 노래, 무용 그리고 음식이 어우러진 소중한 문화유산이다.

한국식 의.식.주 문화의 격조

어쩌다보니 성북동에 있는 박물관 두 개를 서울 럭셔리에 꼽게 되었다. 자수박물관과 함께 소개하고 싶은 곳은 한국가구박물관이다. 이곳도 역시 개인소유이며, 외부에서 보면 높은 돌담 안에 무엇이 있는지 가늠하기 어렵다. 게다가 사전 예약제로만 문이 열리니 마음 먹고 찾아가야 할 곳이다.

정미숙 관장이 미국 유학을 마치고 돌아온 90년대, 근대화 바람이 불면서 한창 양옥과 아파트가 지어지던 무렵이었다. 한옥이 철거되고, 목재 가구들이 거리로 나왔다. 이를 안타깝게 생각한 정관장은 버려지는 한옥 목재와 기와, 그리고 가구들을 모으기 시작했다. 성북동에 있는 개인 소유의 땅, 2500여 평에 10채의 한옥을 옮겨 짓고, 각 집의 내부에는 나무로 만든 옛 가구들을 쓰임새에 맞게 가지런히 진열했다. 그렇게 해서 만들어진 것이 한국가구박물관이다. 전통이 허물어져 가는 것을 안타깝게 생각한 한 개인이 약 15년 간 모은 2000여 점의 가구, 유기, 옹기류 콜렉션을 볼 수 있는 곳이다.

한국가구박물관의 각 채 안에는 마치 어제까지 주인이 살고 있던 집처럼 가구들이 놓여 있다. 예약을 하면 도슨트가 한 시간 동안 실내·외를 두루 다니며, 집과 그 안에 담겨있는 가구에 대한 이야기를 들려준다. 한국의 격조있는 의·식·주 문화를 느낄 수 있는 곳, 국내에 현존하는 박물관 중 가장 높은 입장료를 받고 있는 곳이지만 그 가치를 충분히 느낄 수 있다.

한국가구박물관
예약은 홈페이지를 통하며, 한 그룹당 15명의 정원 제한이 있다. 도슨트투어가 진행되기 때문이다. 도슨트는 한 시간 남짓 한옥의 실내외를 함께 돌며 가구 하나하나에 담긴 소소한 이야기들을 들려준다. 2만원이라는, 국내에서 가장 비싼 입장료를 받고 있지만 투어는 그 이상의 가치를 지녔다고 많은 이들이 인정한다. 투어는 영어로도 가능하니, 외국인 친구를 데려가도 좋겠다. 문의는 02-745-0181로 하면 된다. 일, 월요일은 휴관이며 보수가 진행되는 달엔 한 두달 휴관하기도 한다. www.kofum.com

80

선비 서재의 묵향이 서울의 향

미술관, 갤러리, 온갖 여유로운 것들과 아름다운 것들이 공기를 채우고 있는 예술적인 동네, 조용한 골목 한 켠에 자리한 '이스 라이브러리'는 아무 정보 없이 밖에서만 본다면 갤러리인지 스파인지 향수 가게인지 도무지 알 길이 없다. '단정', '단아', '품격' 이런 차분한 단어들이 떠오르는 곳, 이 시대에 K-Beauty를 대표할 만한 크고 쟁쟁한 브랜드들이 많지만, 한방 스킨케어 브랜드 '이스 라이브러리(EATH Library)'를 서울 럭셔리로 꼽은 이유는 충분히 작고, 넘치도록 파워풀하기 때문이다. 예의 그렇듯, '럭셔리'는 대량 생산하는 큰 브랜드가 아니다.

브랜드의 시작과 철학을 함께 하고, 공간과 미니멀한 제품 라인의 패키징 등 무형의 아이디어에 단아한 옷을 입힌 이는 공동 대표 양태오의 솜씨다. 즐겨 마시던 한방차에서 직접 체험한 몸과 피부의 변화에서 확신을 가지고 브랜드를 기획했다고. 한의사인 장동훈 공동대표는 기술적인 부분에 참여했다. 클렌징, 토너, 세럼, 선블럭, 비누 등 제품 라인이 극강의 미니멀을 추구한다. 고급스러워 보이는 패키지에 담긴 이야기는 더 아름답다. 내용물을 넣는 사각 보틀은 서재에 쌓인 고서를, 둥근 뚜껑은 돌의 형상을 담아 만들었다. 스킨케어 패키지가 한국의 단아한 미를 비쥬얼적으로 잘 표현했다면 감각적 분위기는 향기로 표현된다. '차분한 독서가'라는 이름의 룸스프레이는 옛 선비의 서재를 감싸는 은은한 묵향에서 영감을 받았다. 상상이 필요한 일이다. 차분한 독서가로 채운 2021년 서울의 방에는 명상과 고요함이 가득 찬다. 오늘, 우리 도시인들에게 꼭 필요한 향이다.

빈티지 안경의 현대적 해석

벼락 부자는 있어도, 벼락 멋쟁이는 없다는 말에 공감한다. 프레임몬타나를 설립한 최영훈 대표는 패션과 오래된 것을 좋아하던 매니아 중 매니아였다. "오래된 것이 좋았습니다. 향수가 느껴지기도 하지만 우선 가장 중요한 것은 아름다우니까요. 우리가 '클래식'이라고 부르는 것들에는 이미 미학적 아름다움과 기술적 완성도가 갖추어져 있습니다." 특별히 프랑스 빈티지 안경에 빠져 1930~40년대 클래식 안경들을 모으기 시작해 어느새 1000점 이상의 콜렉션을 이루게 되었고, 어느새 안경을 직접 만들기에 이르렀다. 그가 국내 시장을 바꾸게 있다면 크게 두 가지!

"많은 분들이 그동안 큰 안경을 써야 얼굴이 작아보인다는 생각을 가지고 계셨는데 사실은 그렇지 않아요. 얼굴에 잘 맞는 크기의 안경을 써야 합니다. 그리고 생소했던 '크라운 판토'라는 단어 자체가 큰 유행이 된 것이죠." '크라운 판토' 쉐입(Shape)은 보통 동그란 안경의 상단 부분에 각이 진 모양을 말하는데 프레임몬타나의 안경들 중 상당 부분이 크라운 판토 쉐입으로 디자인 되어있다. 럭셔리가 무엇일까? 아름답고 좋은 것. 최영훈은 '모두를 위한 럭셔리'를 주장한다. "럭셔리가 무조건 비싸야 된다고 생각하는 것은 정말 시대에 맞지 않는다고 생각해요. 자신만의 기준을 가지고, 취향을 확고하게 갈고 닦는다면 그것이 럭셔리입니다."

빠르게 진화하는 프레임몬타나의 새 소식은 숨이 찰 정도로 속도가 붙고 있다. 시작한지 채 3년도 되지 않았는데, 본점 외에 '스펙스몬타나'의 성수, 가로수길 플래그쉽 스토어도 개점했다. '스펙스몬타나'는 '프레임몬타나'의 대중적인 버전이다. 안경계의 유니클로를 꿈꾸지만 절대 퀄러티는 포기하지 않을 것이라고.

이스라이브러리
북촌에 위치한 플래그쉽 스토어 외에 포시즌스 호텔 스파에서도 제품을 만날 수 있다. 추천제품은 클렌징젤, 오버나이트 마스크와 독특한 컨셉의 세가지 향의 룸스프레이다. 서울의 향을 기억하는 좋은 방법일듯.

프레임몬타나
경영 컨설턴트였던 최영훈 대표가 설립한 빈티지 안경 브랜드. 고급 안경 시장을 공략하며 개인화, 작은 브랜드 전략으로 팬덤을 형성했다. '클래식 안경, 대를 물려주는 안경'이 정체성인 프레임몬타나 외에도 '대중적인, 모두를 위한 럭셔리'를 지향하는 스펙스몬타나 브랜드도 론칭했다.

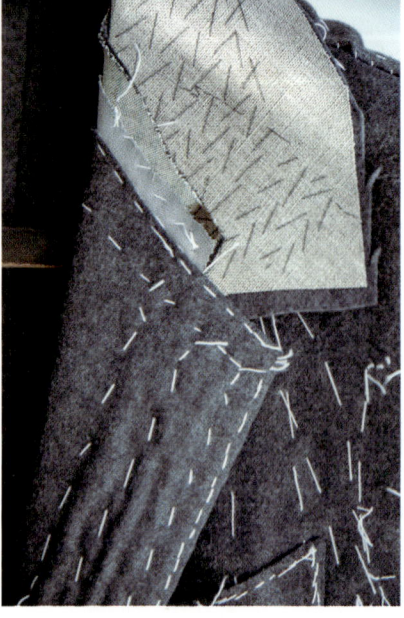

루카무제오
서촌에 위치한 원맨테이러링 사르토리아. 공정의 95% 이상을 손바느질로 완성한다. 한 벌의 맞춤수트를 제작하기 위한 기간은 넉 달이 소요될 정도로 한 벌 한 벌 공들여 만든다. 옷 한 벌도 예술품이 될 수 있다는 철학으로 존재하는 특별한 사르토리아다.

풍월당
음반과 책을 진지하게 이야기하는 공간. 풍월당은 음반가게로 시작해 지금에 이른 한국을 대표하는 문화살롱이다. 3층은 음반점, 4층은 아름다운 카페이며 고객을 위한 공간인 로젠카발리에, 5층 구름채는 매달 클래식과 관련한 강좌, 특강, 시사회 등이 열리는 작은 콘서트홀이다.

서촌의 이상한 양복점 (사르토리아)

이상한 양복점이 있다. 서촌의 골목 한 끝에 간판도 없는 가게! 양복을 맞추는데만 꼬박 네 달이 걸린다는 이 양복점은 우리나라에서 가장 높은 가격을 내걸었다. 장인이 하루 꼬박 12시간을 매달려 재봉틀이 아닌, 바늘과 실을 들고 하나부터 열까지 꿰메고 자르고 붙여서 한 벌을 예술품처럼 완성하는 곳이다. 원맨 테일러링숍, 루카무제오(Luca Museo)이야기다. 굳이 시간도 많이 걸리는데 손바느질을 해야할까? 이를 고집하는데는 이유가 있다. "가구나 그림, 조각처럼 옷도 예술품이 될 수 있다고 생각해요. 완성도에 대한 욕심이지요." 서주현 대표의 철학이다. 사르토, 박현호는 덧붙인다. "보통 핸드메이드 수트라고 해도, 재봉틀 작업 비중이 높아요. 저는 95% 이상의 공정을 손바느질로 완성합니다. 원단을 무릎에 놓고 이렇게 손바느질을 하면 원단의 텐션을 조절하면서 할 수 있어서 작업이 유연하면서도 튼튼하지요. 작업시간은 길어지지만 훨씬 튼튼하고 만족스럽게 만들어져요." 요즘 시대에 손바느질이라니, 또 하나 루카무제오가 특별한 점은 원맨시스템이라는 것이다. 보통 하이엔드 핸드메이드 테일러숍의 경우에도 한 사람이 한 벌을 처음부터 끝까지 만들지 않는다. 분업을 한다는 이야기, 그렇게 해도 제작할 수 있는 수트의 수량은 한 달에 두 세벌 정도, 그래서 핸드메이드 수트의 가격이 높은 것이다. 국내 남성 수트 업계에서 오랫동안 뼈가 굵은 서주현 대표는 한국, 일본, 이탈리아에서 활동하는 박현호 사르토를 오래 전부터 점찍어 두었다. '옷이 예술품, 장인이 아티스트'라는 서대표의 철학이 마음에 들었던 박현호는 서대표의 제안에 과감하게 나폴리에서 서울로 들어올 짐을 꾸렸다. "옷이 헤지거나 체형이 망가지지만 않는다면 클래식 수트는 유행을 타지 않고 평생 멋지게 입을 수 있어요. 손바느질로 완성하는 원맨테일러링의 수트를 한국에도 소개하고 싶었습니다." 루카무제오의 DNA는 아름다움에 대한 완성도를 높이는 것에 있다는 서주현 대표. 서울의 럭셔리를 경험하려면 서촌의 작은 골목으로 들어와 루카무제오를 만날 것.

풍월당이 뭐하는 곳인가요

18세기 프랑스 지성인들의 응접실이었던 '살롱'이 한국에도 있다면, 그것이 풍월당이다. 2003년부터 압구정동 로데오거리 한복판에 터를 잡은 풍월당은 '한국 첫 클래식 음반전문점'이자 3만여 장의 클래식 음반을 갖춘 '국내 최대 클래식 음반전문점' 이다. 풍월당은 이제 클래식 음악인들 사이에서는 브랜드 이상의 가치를 가진다. 출판으로, 여행으로, 음악으로 문화를 나누는 문화 살롱이 된 지금 풍월당이 정확히 뭐하는 곳이냐는 질문에 최성은 이사는 이렇게 답한다. "오늘의 풍월당은 100% 고객들이 만들었지요. 부산에서 레코드점 점원이었던 저에게 박종호 대표가 서울에 음반가게를 낼테니 와서 일해줄 수 없겠냐 제안했던것이 엊그제 같은데, 글쎄요. 지금은 음반가게라고만 할수 없는 곳이 되었네요. 클래식이 얼마나 아름다운 음악이고 예술이 얼마나 아름다운 것인지, 풍월당을 통해 나누다 보니, 인생이 바뀐 분들이 참 많습니다. 저와 대표님, 그리고 우리 직원들 포함한 많은 고객들의 인생이 아름답고 풍요로워졌지요. 고객들이 원하는 것을 고민하고,

풍월당이 어려워질때면 또 어떻게 헤쳐나갈지 고객들과 의논하고 하면서 여기까지 왔습니다."

음악을 통해 시대를 여행하고, 철학을 배우고, 문학을 토론하다보니 출판도 하고 강의도 하는 지금의 풍월당이 되었다. 그동안 풍월당에서 낸 단행본만해도 상당수에 이른다. 찬찬히 살펴보면 풍월당만이 할 수 있는 일을 하고 있다는 생각이 들었다. 또한 작년부터는 '풍월한담'이라는 매거진 형식의 무크지도 발행하고 있고, 시대에 맞게 온라인 강의도 준비중이다. "시대가 원하는대로, 고객이 요청하는대로 움직이다보니 오늘에 이른것 같습니다." 클래식 매니아였던 정신과 의사 박종호, 음반점에서 음악을 듣는것이 가장 행복했던 소녀, 최성은 이사 그리고 음악이 좋아 풍월당에 근무하게 된 직원들. 이들이 만드는 클래식 월드는 무한 확장 중이다. 클래식 음악에 가까워지고 싶은데 엄두가 나지 않는다면? 최성은 이사는 대답한다.

"풍월당의 문턱은 매우 낮습니다. 그 흔한 고객카드나 멤버쉽 같은 거 없습니다. 그냥 들어오시면 되고, 오셔서 저를 찾으세요. 커피 한 잔 하시면서 머무르다 보면 어느새 한층 음악에 가까워질거에요. 저희가 셀렉해 둔 풍월당 명반 100선이 클래식 여행을 시작하는데 큰 도움이 될거에요."

Petite Escape
아는 동네, 모르는 이야기

서울은 떠나고 돌아옴이 익숙한 반복의 도시다. 수많은 사람이 수십 개의 오피스 빌딩과 크고 작은 상가에 머물며 하루를 보내지만 그 끝은 서울이 아닌 타지인 경우가 많다. 그래서 서울은 누구나 알지만 제대로 아는 이가 드물고, 일상과 일탈이라는 양 끝에서 힘껏 균형을 맞춰야 한다.
이런 서울 생활자에게는 아마도 낯설, 혹은 동네는 알고 있지만 그 안에 감춰진 이야기는 잘 모를 지역을 향해 길을 나섰다. '상봉동'과 '망우동', '홍제동'을 동네 주민과 함께 공부하듯 걸었다. 상봉 터미널로 유명한 중랑구와 유진상가에서 시작된 홍제동은 화려했던 과거의 명성이 오늘을 만들고, 잠깐의 소강상태를 지나 다시 새로운 내일을 준비하고 있기에 결이 비슷하다. 남보다 먼저 발견한 공간, 차곡차곡 세월이 녹아든 거리, 수시로 사람들이 몰리는 식당과 시장까지, 든든한 로컬이 친구처럼 짚어주는 동네 여행은 어렵지만 친근하고, 발견의 맛이 남다르다.

Editor 김빅토 Photographer 이규열

01

시간과 경계를 건너는 산책

상봉동과 망우동

한 번 상상해보자. 지금 내가 캐리어를 든 여행자라면? 인천공항을 거쳐 대형 공항버스를 타고, 모르는 지하철역 앞에 내렸다면 어떨까? 스마트폰에서 지도 어플을 켜고, 몇 번쯤 길을 헤매다 호텔 체크인까지 마치면, 이제 신나는 투어가 기다린다. 상상만으로 가슴이 벅찬데 굳이 참을 필요는 없다. 낯선 동네, 혹은 아는 동네의 모르는 이야기를 찾아 떠나는 여행은 이와 크게 다르지 않다.

청춘으로 기억되는 터미널

낯선 풍경과 이동의 설렘은 비행기 아닌 버스로 대체한다. 상봉 시외버스터미널이 중랑구에 존재하는 이유는 어쩌면 필연적이다. 지금은 많이 낡고 영세하지만, 상봉 터미널은 90년대 중후반까지 경기도 북부지역과 대구 등을 아우르는 서울 동부권 교통의 중추였다. 특히 춘천, 홍천, 화천, 속초 등 강원도로 운행이 많아서, 휴가 나온 군 장병 수요를 흡수하며 자연스레 면목 거리를 포함한 주변 상권이 빠르게 성장했다. 식당과 고깃집, 모텔, 나이트클럽 같은 유흥 주점이 터미널을 빼곡히 에워싸는 형태로 기존 성공사례의 문법을 충실히 따른다.

당시 서울 중랑구를 포함한 동부 지역은 서울 외곽의 이미지가 강했는데, 상봉터미널의 존재가 한몫했다. 우스갯소리로 40대 후반부터 50대 이상의 남자들 사이에서 상봉은 '부대 복귀'와 '부대 탈출'이라는 극명한 이미지와 가장 젊었던 시절의 추억으로 존재한다.

현재는 재개발로 터미널 규모와 기능이 대폭 축소되고, 바로 아래 부지에 들어선 대형 쇼핑몰과 주상복합건물, 교회 등에 존재감이 밀리지만, 아직도 중랑구를 대표하는 이미지는 버스를 타고 내리는 외지인과 피 끓는 청춘들이다.

원래 중랑구는 망우산, 봉화산 등 주변 녹지가 많고 고급 아파트보다 단독 주택과 빌라가 밀집돼 있어, '서울 아닌 서울'이라고 불렸다. 실제 2021년 기준, 중랑구의 아파트 비중은 41.1%로, 일반 주택 39.1%, 연립 주택 3.4%, 다세대 주택 16.4%에 비할 때 높지 않다. 지역 전체가 체질 개선을 하고 있지만, 도로 하나를 사이로 기존 모습을 고수함은 상봉 특유의 매력이다.

과거의 영광이 계속되는 부분도 있다. 상봉터미널은 경의중앙선, 경춘선, 7호선 상봉역, 망우역 등과 연결돼 가평 및 춘천 그리고 동쪽 양평까지 접근이 수월하며 서울 강남과 종로 등지로 넘어가기도 편하다. 교통 거점이라는 타이틀은 여전히 유효하다.

어느 멋진 날, 무덤을 산책하다

햇살 좋은 날, 터미널을 나와 망우리 길을 따라 2.3km가량을 걷는다. 코스트코와 홈플러스, 중랑아트센터 같은 신식 건물을 지나면 금세 5층 미만의 낮은 상가와 동네 빵집이 모습을 드러내면서 풍경이 바뀐다. 차량으로는 15분 거리, 최종 도착지는 무덤(?)이다.

"택시 기사님들은 아직도 망우리 묘지, 무덤이라고 말해야 알아듣는 분들도 계세요. 공원으로 이름이 바뀌고 산책, 트레킹까지 도심 속 힐링 명소로 입소문 났지만 오래된 관념

은 깨기 힘들죠. 서서히 변하고 있다고 믿어요. 물론 저도 해가 없을 때, 산을 오르면 살짝 떨리긴 해요. (웃음)"
상봉동에서 '바람길 서점'을 운영하는 박수현 대표는 자주 망우산을 찾는다고 했다. 혼자 운동 삼아, 때로는 답사하듯 지인과 함께 몇십 번이나 산을 타면서 망우리 공원의 역사와 가치를 해석하고 전망 포인트를 알리는 일에 재미를 붙였다.
"공원 이름이 어디서 왔는지 아세요? 조선시대 태조 이성계가 한양에 도읍을 정하고 자신의 묏자리를 살피고 돌아오는 길에 지금의 망우 고개 위에서, 자신의 능지로 결정한 곳을 바라보니 과연 명당이었다고 해요 그리고, "이제는 근심을 잊게 됐다"라고 경탄한 데서 '망우(忘憂)'라는 이름이 붙었어요. 무덤으로 쓰일지, 먼 미래를 몰랐을 텐데, 여러모로 신기하죠."
명당으로서 이 지역의 이야기는 일제강점기로 거슬러 올라간다. 1933년 기존 미아리 공동묘지가 한계에 달하자, 당시 경기도 부근 망우리의 임야 70여만 평을 사들여, 서울시의 공동묘지로 결정했다는 신문 기록을 확인할 수 있다. 40년이 지난 1973년, 분묘가 가득 차면서 더 이상의 묘지 사용은 금지됐으며 꾸준히 이장과 납골을 장려하면서 묘지의 기능은 사실상 종료됐다.
망우리 공원에는 3.1독립 운동을 주도했던 만해 한용운과 소파 방정환 등 총 10인의 유명인사가 안장되어 있다. 독립운동가 외에도 예술가, 소설가, 정치인, 언론인까지 함께한다. 외국에도 유명 인사가 모여 있는 납골당은 더러 있지만 '음악인 무덤' 등으로 같은 업에 종사했거나, 주로 한 가문임을 고려할 때, 망우리 공원은 세계적으로도 희귀하다.
굵직한 스토리에 사람이 몰리면, 비즈니스가 생긴다. 중랑구는 망우리 공원을 숲과 산책로, 애국지사 묘역이 공존하는 서울의 대표적 역사 문화공원으로 조성할 계획이다. 전시, 기념, 교육 등이 가능한 역사문화관을 설립하고 트레킹, 조깅, 캠핑, 인문학 탐방 등 다양한 시민 프로그램을 운영하며 공원 발전에 힘쓰고 있다.

경계를 넘나들고 경계를 허무는 길

망우리 공원은 망우산뿐 아니라 용마산, 아차산을 통과하며 서울과 구리의 경계에 위치한다. 맑은 날 망우 전망대에서 산 능선을 따라 아래로 내려다보면 멀리 북한산과 도봉산까지 한눈에 들어온다. 동네에서 가장 높다고 소문난 복합상가와 뾰족한 교회 탑이 어색하게 어우러진다.
기본 산책 코스는 공원을 둘러싸고 있는 5.2km 길이의 '사색의 길'이다. 도로를 포장해 울창한 숲길과 둘레길을 조성했으며, 왕복 한 시간 반 정도 소요된다. 경사가 심하지 않고 햇살이 잘 들어 걷기에 무리가 없다. 무덤 때문에 무섭지 않냐는 질문은 편견일 뿐. 동네 주민들은 사시사철 산에 오르고 애정을 표한다. 등산객과 주말 외지인을 상대하는 간판 없는 밥집들은 소리소문없이 사라졌지만, 분위기는 여전하다.
산책로 주변에는 연보비(年譜碑)가 눈에 띈다. 일제에 항거한 독립운동가와 애국지사, 유명한 시와 소설을 남긴 저명인사 15인의 어록과 업적을 담은 비석이다. 유관순 열사가 묻힌 것으로 추정되는 비석도 있다. 이태원 공동묘지의 무연고 묘를 한데 모아 합장한 곳이다. 깨끗하고 잘 관리된 대형 묘지와 안내판 없이는 찾기 어려운 공원 안쪽 낡은 무덤가의 대비는 서글픈 면이 있다.
'경계를 넘나들고 경계를 허문다'는 안내 표지처럼 망우산과 망우리 공원은 그래서 단순하지가 않다. 속살과 역사를 제대로 모르면 평범한 공원이지만, 오분 단위로 출몰하는 무덤과 비석을 이해하기 시작하면 전혀 다른 차원으로 이미지가 묶인다. 풍경뿐 아니라 서사를 통해, 이야기와 질문을 통해 망우동은 이렇게 새로 읽힌다.

More Information

중랑구(상봉/망우동) 여행자들을 위한 유용한 팁

①
Jungnang-Gu Introduction
중랑구 소개

서울특별시 동부에 위치한 자치구다. 동쪽은 경기도 구리시, 서쪽은 동대문구, 남쪽은 광진구, 북쪽은 노원구 등과 접한다. 동대문구에서 나뉠 때, 기준이 되었던 중랑천에서 이름을 따왔다. 다만 이 중랑천은 일제강점기 때 붙여진 이름이며, 원이름은 한천(漢川)이다.

②
Place to Visit
가볼 만한 곳

하루여행 코스로는 망우리 공원→사색의 숲→생명의 숲→안창호 묘터→망우 전망대→동락정→치유의 숲→동원시장 여정을 추천한다.

봉화산
중랑구 상봉동, 중화동, 묵동, 신내동에 접하고 전체 높이는 160m로 평지에 돌출된 독립 구릉이다. 산 이름에서 봉화와 관련 있는 지역임을 알 수 있는데, 과거 북쪽의 한이산으로부터 연락을 받아 목멱산(남산)으로 전달한 아차산 봉수대가 있던 곳으로, 지난 1994년 11월 7일 봉수대를 복원한 바 있다.
📍 서울 중랑구 묵동 산 46-1
팁 봉화산 도당인 '산신각'을 함께 둘러보자. 이곳은 약 400년 전에 주민들이 굿과 산신제를 지내던 일종의 신당이다. 1992년 여름에 일어난 화재로 소실되어 지금은 붉은 벽돌과 시멘트로 지은 새 건물이 들어서 있다.

옹기테마공원
봉화산 화약고 부지를 재조성해 휴식과 체험이 함께하는 테마 공원으로 운영한다. 훌륭한 문화유산인 옹기의 역사를 배우고 관람 및 만들기를 체험하며 목공예, 한지 체험도 가능하다. 옹기 외에도 시민 휴식을 위한 공원과 야외 정원, 북 카페 등이 함께 자리해 가족 나들이 장소로 안성맞춤이다.
📍 서울 중랑구 신내로21길 116
📞 02-2094-2966

중랑캠핑숲
가족단위 소풍 및 자연 체험을 제공하는 생태학습 공원으로 지난 2010년 문을 열었다. 원래 개발제한구역 내 비닐하우스 등으로 훼손된 곳을 새롭게 복원한 도시 재생 모델로도 꼽힌다. 캠핑장 내에는 잔디밭, 바비큐 그릴, 야외 테이블, 전원 공급 시설 그리고 별도의 스파(목욕)와 샤워실 등이 설치되어 있다.
📍 서울 중랑구 망우로87길 110
📞 02-434-4371~2
🏠 www.joongrangsoop.com
팁 가족 단독으로 사용 가능한 바비큐장 및 텐트촌을 운영한다.

동원시장
중랑구에서 가장 규모가 작은 재래시장이지만 명성은 남다르다. 1971년 개설되었으며, 축산물, 수산물, 청과물, 떡집, 잡화 등 다양한 품목의 생필품을 저렴한 가격으로 판매한다. 시장 상인들을 상대로 하는 정통 맛집도 많다.
📍 서울 중랑구 면목동 101-1
📞 02-434-4560

③
Dining and Hot Spot
주변 맛집과 핫 스폿

함평국밥
상봉 먹자골목의 대표 주자로, SBS '생활의 달인'에 출연한 육회 전문 식당이다. 당일 도축한 신선한 소만 사용하고, 재료 소진 시 바로 영업을 중단한다. 내부는 다소 낡았지만 연예인 사인이 잔뜩 벽을 채울 만큼 오랜 역사를 자랑한다. 코로나 이전에는 재료 준비를 이유로 오후 5시에 문을 열고 새벽까지 영업했는데, 현재는 운영 시간이 비정기적이다. 육회와 더불어 오랜 시간 정성으로 끓이는 우거지 국밥도 인기다.
📍 서울 중랑구 봉우재로33길 73
🕛 12:00~(재료 소진 시 마감)
대표메뉴 김치 육회 비빔밥 8,000, 우거지 국밥 7,000, 육사시미/육회(소) 25,000

홍두깨 손칼국수
동원시장 초입에 위치한 손칼국수 맛집이다. KBS '6시 내 고향', 'VJ 특공대' 등 유명 맛집 프로그램에 자주 등장했다. 식당 입구에서 직접 반죽하는 칼국수는 시그니처 메뉴. 투박한 느낌의 옛날 짜장면도 히든 메뉴다. 3,500원이라는 저렴한 가격과 넉넉한 양으로 가성비 '갑' 식당으로 평가받는다.
📍 서울 중랑구 상봉로11길 31 서울마트
📞 02-494-8592
🕛 10:00~21:00 (첫째, 셋째 화요일 휴무)
대표메뉴 손칼국수 3,500, 손수제비 3,500, 옛날짜장 3,500

바람길 서점
바람길 서점(대표 박수현)은 사랑방을 연상시키는 중랑구 대표 문화공간이다. 겉으로는 여행 서적을 취급하는 독립 서점으로 알려졌지만, 박수현 대표는 훨씬 다양한 일을 소화한다. 평범한 직장인으로 18년간 데이터 분석 및 IT 개발자로 일했던 그는, 퇴사 후 남편과 함께 약 1년 47개 나라를 여행하고 돌아왔다. 이후 여행지에서의 경험과 아이디어를 토대로 서점을 열고 책 판매 외에도 출판, 소규모 세미나, 그림 전시, 놀이/여행 교육까지 무궁무진한 세계로 영역을 확장하고 있다.
📍 서울 중랑구 망우로 332
📞 02-434-6449
🕛 화/토 10:30~20:30 (변동 가능성 있음)
🏠 blog.naver.com/baramgilbooks
팁 섬세하면서도 유래한 동네 언니와의 수다가 그립다면 꼭 방문할 것

02

실은, 여행자의 동네

홍 제 동

홍제동은 타이완이나 홍콩을 떠올릴 만큼 이국적인 매력이 가득하다. 한겨울이면 인공폭포에 얼음꽃이 피고, 개미마을에서는 알록달록한 벽화가 넘치며, 인왕시장에서는 세상 온갖 주전부리가 어른, 아이를 모두 사로잡는다. 몇 장의 SNS 사진만으로는 도저히 표현하기 힘든 홍제동의 매력은 무조건 '걷기'로 찾는다.

태생부터 여행과 외부인을 품다

서울을 잘 모르는 여행자에게 추천하고 싶은 동네는 어디일까? 홍대, 신촌, 명동, 광화문, 종로, 강남, 잠실, 이태원, 상암까지 지인들 입에서 유명 거리 이름이 쏟아져 나온다. 그런데, 몇 번이나 되새기고 범위를 넓혀도 홍제동이라는 대답은 들리지 않는다. 알고 보면 홍제동이야말로 태생부터 여행자와 밀접한 관련이 있는데 말이다.

서울 서대문구에 속해 홍제 1동, 홍제 2동, 홍제 3동을 포함한다는 얄팍한 정보는 이 동네에 숨겨진 고유함을 풀어내기에 부족하다. 홍제동(弘濟洞)이란 지명은 서대문구 홍제원(弘濟院)에서 따왔는데, 홍제원은 고려 및 조선시대, 공무 여행자나 외국 사신들에게 편의를 제공하던 숙소였다. '백성을 널리 구제한다'는 뜻을 가진 역원 중 하나로 오래 전부터 사람들이 모이고 다시 떠나기를 반복한 유명 호텔이었던 셈이다.

홍제원을 비롯해 동대문 밖의 보제원(普濟院), 광희문 밖의 전관원(箭串院), 이태원(梨泰院)까지 조선시대 4대원으로 불렸는데, 특히 홍제원에는 중국 사신들의 발길이 잦았다고 전해진다. 돈의문(현 서대문) 끝 무악재를 넘어 바로 동편에 위치하였고, 도성과 가장 가까운 원이었기 때문이다. 비슷한 맥락이었을까? 1636년 병자호란 이후, 청에 끌려갔다 돌아온 여인들에게 홍제원의 냇물에 몸을 씻고 오면, 정절에 대해 말하지 않겠다는 인조 임금의 영이 내려지기도 했다.

홍제원은 1895년(고종 32)까지 존재하며 소임을 다했으나, 현재는 터만 남은 상태로 언제 없어졌는지에 대한 정확한 기록은 없다. 그러나 여행자와 낯선 타인을 유연하게 받아들이고, 짐과 피로를 덜어줬던 홍제원의 정신은 고스란히 동네로 흘러 들어갔을 것이다.

1970 vs 2021, 고가차도에 담긴 두 시대

홍은사거리는 홍제동이라는 지명보다 친숙하다. 3호선 홍제역에서 도보로 약 8분 거리이며, 마을버스를 타고 유진상가 앞 정류장에 내리면 높은 고가 차도와 함께 눈에 들어온다. 내부 순환로 고가 차도가 동서 방향으로 거리를 나눠, 홍제동과 홍은동이 경계를 이루며, 청와대와 세종로까지 곧장 이어지는 길목이기도 하다.

홍은사거리의 대표 랜드마크는 국내 1세대 주상복합이라 일컫는 유진상가이다. 지금은 주상복합이 흔하지만, 70년대 후반만 하더라도 건물 안에 주거와 상업 공간이 공존하는 복합건축의 개념은 전공자들조차 이해가 어려웠다. 더

욱이 유진상가는 70년대 남북 대립이 예민한 상황에서 유사시 남침에 대비한 대전차 방호 목적으로 홍제천을 복개해, 약 250m에 달하는 지하 공간을 폐쇄하며 설계됐다. 그만큼 개발과 변화의 역사를 품은 현대 건축 자원으로써 학술 가치도 상당하다. 전체 5층 규모로 1, 2층 상가에는 금은방, 침구류, 의복류 같은 잡화 매장이 있고, 3층부터는 주거 공간으로 사용하며 건물 밖은 크고 작은 과일 도매 가게들이 상가를 에워싸는 구조다.

화려했던 출발과 명성에도 불구하고 대부분의 오래된 건축물이 그렇듯, 유진상가도 세월의 무심함을 피해 가지는 못했다. 고가 아래 신호등 길목 앞에서 유진상가와 도로 건너편을 바라보면 극명한 대립이 느껴진다. 몇 차례의 재개발과 상가 리모델링 프로젝트는 정확한 결론을 내리지 못한 채 배회하다가, 결국 반쪽짜리 성공을 일궜다. 그래서, 건너편 홍은동이 신식 고층 건물과 깨끗한 식당, 커피숍, 쇼핑몰이 즐비한 2020년의 풍경이라면, 유진상가는 건물 외벽에 새겨진 '유진맨숀'이란 이름처럼, 여전히 투박한 70년대 후반을 붙잡고 있다.

물과 사람의 인연이 흘러 예술로 치유하는 길

지난 2020년 7월 오픈한 '홍제유연(弘濟流緣)'은 대표적인 홍제동의 새것이다. 250m 길이의 지하 터널로 50년간 버려졌던 유진상가 하부를 공공미술로 재조성한 공간이다. '물과 사람의 인연(緣)이 흘러(流) 예술로 치유하고 화합한다'는 뜻처럼 이름도 생김새도 단아하다.

서울시는 공공미술 프로젝트 '서울은 미술관'을 통해 공간 원형은 최대한 보존하되 빛, 소리, 색 등의 기술을 입힌 대형 예술 놀이터를 지하에 선보였다. 건물을 받치는 100여 개의 기둥 사이로 평화롭게 흐르는 물길과 조명예술, 설치미술, 사운드 아트까지 8개에 달하는 작품—[흐르는 빛_빛의 서사(뮌) / 미장센_홍제연가(진기종) / 온기(팀코워크) / 숨길(팀코워크) / MoonSun,SunMoon(윤형민) / Um…(윤형민) / 두두룩터(염상훈) / 사운드 아트(홍초선)]—은 버려졌던 공간의 재생과 올바른 지속가능성 여부를 묻는다.

스스럼없이 물길 한가운데를 파고드는 경험은 42개의 기둥을 빛으로 연결한 라이트 아트 작품 '온기'를 배경으로 가능하다. 지정된 센서에 체온이 전해지면, 공간을 채우던 조명의 색이 변하는 인터랙티브 기술이 적용돼 거의 매일 사진을 찍으려는 사람들로 붐빈다.

진기종 작가의 '미장센_홍제연가'는 공공미술 최초로 3D 홀로그램을 활용했다. 중앙부에 설치된 길이 3.1m, 높이 1.6m의 스크린은 국내에서 설치된 야외 스크린 중 가장 크며, 총 9개의 스크린이 연동되어 홍제천의 생태를 다룬 입체적인 영상을 제공한다.

터널 입구, 시민 참여로 완성된 메시지 벽도 인상적이다. '홍제 마니차'는 '내 인생의 빛'을 주제로 시민 1,000명의 따뜻한 메시지를 모듈에 새겨 손으로 직접 돌리면서 감상하는 조형물이다. 흡사 인기 숙소의 방명록을 읽듯, 타인의 기억을 공유하는 재미가 쏠쏠하다.

여행지에 머무를 때 사람들은 습관처럼 오래됨과 새것을 동시에 탐한다. 다 아는 것 같지만 발견할 옛 거리와 새 거리가 아직 많기에, 여행자의 숙소에서 이름이 기원한 홍제동은 여전히 여행의 매력이 넘치는 동네다.

More Information

홍제동 여행자들을 위한 유용한 팁

Hongjedong Introduction
홍제동 소개

서울특별시 서대문구 홍제동. 홍은동과 더불어 동쪽으로는 인왕산, 남쪽으로는 안산, 그리고 백련산, 북한산 자락에 둘러싸인 분지 지형이다. 홍제천을 기준으로 북쪽이 홍은동, 남쪽이 홍제동이다. 직선거리로 광화문까지 약 3km, 서울특별시청까지 약 3.5km, 서울역까지 약 4km이다. 조선시대에는 한성부 북부 연은방 지역이었다. 1914년 경기도 고양군 은평면 홍제내리(弘濟內里)에 속하였고, 1936년 경성부로 편입되면서 홍제정(弘濟町)으로, 다시 1946년 홍제동으로 바뀌었다. 문화재로는 보물 제166호, 서울 홍제동 오층 석탑. 사현사(홍제동 문화촌아파트 남쪽 부근) 옛터에 있던 탑이 있는데, 시가지 확장을 하면서 1970년 경복궁으로 옮겨왔다. 현재는 국립중앙박물관에 자리한다.

Place to Visit
가볼 만한 곳

홍제동 로컬에게 자문을 구했다. '2020 서울이야기 이야기부문(디지털영상스토리)' 우수상 수상자인 이승아&정영한이 제안하는 홍제동 핫 스폿!

개미마을
서울의 몇 안 되는 달동네로 1950년 한국전쟁 전후로 전쟁 이주민들이 정착했다. 초기에는 인디언 마을로 불렸으나 1983년, 부지런한 사람들이 모여 사는 마을이라는 뜻의 '개미마을'로 이름을 변경했다. 2009년을 기점으로 수도권 대학의 미대생 130여 명이 다양한 주제로 낡은 마을 벽에 그림을 그리는 자원활동을 진행하면서 동화 같은 달동네 벽화마을로 입소문을 타게 됐다. 아름다운 벽화와 사진 명소로 알려졌지만, 구불구불한 골목길과 공용 화장실, 무너질 것 같은 낡은 슬레이트 지붕의 집까지 실제 서민들의 삶이 겹쳐 경계가 모호하다.
📍 서대문구 홍제동 9-81
팁 삼거리 연탄가게, 버드나무 가게, 개미마을 놀이터 등이 대표적인 사진 명소. 최근 비용 문제로 보수를 하지 못해 군데군데 벗겨진 벽화가 많으니 골목 사잇길은 주의하자.

안산 봉수대
서울 안산은 걷기 좋은 길로 꼽히는 높이 290m의 산이다. 무악산, 길마재로도 불리며 정상인 봉수대에서의 경치는 손꼽히는 풍경이다. 남쪽으로 한강이 보이고 용산, 여의도, 목동 등 대도시 빌딩 전망도 펼쳐진다. 동쪽으로는 남산이, 북쪽으로는 인왕산까지 담기며 초보자도 한나절 산책 코스로 알맞다.
📍 서울 서대문구 봉원동
팁 시간 여유가 있다면, 산에 오르기 전 서대문 형무소 역사관을 함께 둘러보자. 형무소 아래로 순국선열 추념탑이 위치하는데, 탑 옆으로 난 길을 따라 계단을 오르면 안산 자락길이 시작된다.

인왕시장
서대문구를 대표하는 전통시장이다. 1960년 홍제천 주변 둑에서 장터 형태로 영업을 시작했으며, 1972년 지금의 인왕시장으로 거듭났다. 먹거리 및 각종 잡화, 생활용품 등 150여 개의 점포가 입점해 있다. 카페와 꽃집, 어린이 놀이시설, 갤러리 등 일반 시장과 다른 세련된 시설로 눈길을 끈다. 홍제, 홍은, 연희동은 물론 종로구 세검정, 은평구 녹번동까지 여러 지역에서 방문한다.
📍 서대문구 통일로40안길 13-5
팁 매월 둘째, 넷째 일요일에는 시중 가격보다 10~30% 저렴한 직거래 장터가 열린다(전화 확인 필수).

홍제천
서울 종로구, 서대문구, 마포구 일대에 걸쳐 흐르는 지방 2급 하천이다. 조선시대에 홍제천 연안에 중국 사신이나 관리가 묵어가던 홍제원이 있었던 까닭으로 '홍제원천'이라고도 불렀다. 최근 리모델링을 마친 홍제천 폭포마당은 하절기에는 음악 분수와 시원한 물줄기로, 동절기에는 인공 폭포의 빙벽으로 유명세를 치르고 있다.
📍 서대문구 연희동 170-181

Dining and Cafes
주변 맛집 추천

장터순대국
장터순대국은 시장 상인과 오랜 단골들을 상대로 세월의 맛을 인정받은 노포다. 최근엔 레트로 분위기를 좋아하는 젊은 고객들의 방문도 이어지고 있다. 대표메뉴는 깊은 맛의 순댓국과 김치찌개. 메인 음식이 나오기 전, 상에 차려지는 반찬에서 이미 고수의 내공이 느껴진다. 걸쭉하고 진한 양념의 배추김치와 파김치, 깔끔한 마늘장아찌, 한 입 베어 물면 입안이 상쾌해지는 깍두기까지, 밥 한 공기는 우습다. 손질에 품이 많이 드는 곱창과 순대는 주인장의 오랜 솜씨로 돼지 특유의 잡내가 없으며 입담 좋은 할머니와 도란도란 나누는 대화도 즐겁다. 식당 내부의 화려한 인테리어와 소품들 구경하는 재미도 쏠쏠하다.
📍 서대문구 세검정로 46
📞 02-391-7532
🕐 연중무휴, 24시간(사정에 따라 문을 닫기도 하니 전화 후 방문할 것)
대표메뉴 순댓국 7,000원, 야채곱창 12,000원, 삼겹살 10,000원, 술국 12,000원
팁 음식량이 상당하기 때문에 욕심은 금물. 3인 기준 순댓국 한 그릇에 야채곱창 2인분이 적당하다.

ON THE MOVE　　　　MEET

One Fine Day

서울에서 마주치는 열 명 중 두 명 이상 만나기
힘들다는 진짜 서울 토박이를 만났다. 강북은
과거 신우식이 태어나고 자란 곳, 강남은 지금의
신우식이 일하고 생활하는 터전, 둘 다 그에겐
소중한 고향, 서울이다.

Editor 조은영　Photographer 이규열

신우식
패션 스타일리스트

사대문 안에서 태어났고 스무 살 까지 종로, 광화문 부근에 살았다. 소위 강남 문화가 시작 되기 전, 그 시절 가장 '핫'했던 종로, 명동을 누볐고, 압구정, 청담이 패션의 메카가 되었을때 강남에 뿌리를 내리고 패션 업계에서 전방위로 활동했다. 스타일리스트가 본캐, 부캐는 교수, 방송인, 요식업 스타트업 대표. 밝고 열정적인 그는 몸이 열 개라도 모자랄 일을 하루에 다 해낸다. 아직도 현장에서 일할 때가 가장 감사하고 기쁘고, 살아있는 매일 매일이 축복이라 말하는 신우식은 자신이 받은 만큼 능력있는 후배를 키우고, 길을 열어주고 싶다고, 매일 잠들기 전 주변 사람들의 이름을 적어놓고 기도를 잊지 않는 소울풀한 서울라이트.

1 나피스타일 사무실

"원래 전공은 산업디자인이었어요. 삼성에 5년 다니다가 퇴사하고 퇴직금 들고 일본 유학을 갔지요. 언어도 배우고 싶었고, 패션에 대한 열정으로 선진 문화를 경험하고 싶은 생각도 있었어요. 돌아온 뒤 스타일리스트 어시스턴트로 이 일을 시작하게 된거죠. 한 3년 일하고 나서, 2005년에 독립해 회사를 차렸어요. '나쁜 피'라는 프랑스 영화를 너무 좋아해서 회사 이름을 나피라고 지었는데…(웃음) 별다른 특별한 뜻은 없지요. 아! 영화도 참 좋아했어요. 여튼 이곳이 제가 일하는 공간, 나피스타일, 저의 사무실입니다. 예전엔 잡지 일이 거의 대부분이었는데, 요즘은 잡지 일이 줄었어요. 에디터의 영역이 넓어진거지요. 대신 영화, 광고, 방송, 개인 채널 등 스타일링의 영역은 더 넓어진 것 같아요. 저는 현재 배우 박소담, 황신혜의 개인 스타일링도 하고 있어요. 소담이가 '기생충' 오리지널 포스터를 액자에 넣어 선물해 주어서 사무실에 이렇게 두었지요."

나피스타일은 압구정 로데오에 있다. 강남구 압구정동 한양아파트 사거리에서 학동사거리 입구까지, 1980년대 중반 이후 유명 패션 디자이너들이 명동에서 압구정으로 옮겨오면서부터 이거리가 패션과 문화의 거리로 성장하며 로데오로 불리기 시작했다. 지금은 로데오거리가 소위 핫플, 중심상권이란 뜻으로 쓰이며 압구정 뿐만 아니라 건대, 천호동, 가산동, 목동 등 서울 전역에 생겨났다. 원래 로데오 거리는 미국 로데오 경기장 주변에 젊은이들이 몰리고, 상권이 발달한데서 유래한 말로 베벌리힐스에도 '로데오 드라이브'가 있다.

2 압구정 로데오의 강남 로컬

"압구정 로데오는 강남의 꽃이고 오아시스예요. 제가 사대문 안에서 태어난 '광화문 보이'이지만 이 곳에서 20년 넘게 일하고 생활하다보니, 이제 여기가 저에게는 고향 같습니다. 멀리 갔다가도 이 동네에 들어오면 안심이 되죠. 우스개 소리로 '졸면서도 운전을 할 수 있다'라고 할 정도로 익숙한 동네니까. 차가 아무리 막혀도 골목 골목 어디로 빠지면 되는지 다 알지요. 저는 오히려 외곽이나 지방에 오래 있으면 답답해요. 빌딩 숲이 보이고 저기 갤러리아 명품관이 보이면 '휴우, 이제 집이구나!' 그런다니까요. 로데오의 매력은 찐 로컬이라는 거예요. 관광객이나 이방인이 오는 곳이라기 보다는 생활인들이 골목 골목 남아있는 진정한 '강남 로컬' 의 구역이지요. 제가 보기엔 20년 전이나 지금이나 크게 변한게 없어요. 오래된 가게 사장님들, 식당 어머니들, 발렛 아저씨들... 십 년 이상 알고 지내는 이들이 많아요. 일하다가도 짬이 생기면 도산공원이나 갤러리아 백화점 뒷길로 짧게 산책을 나가기도 한답니다."

신우식이 추천하는 압구정 로데오의 노포는 오징어불고기와 낙지불고기가 맛있는 '뱃고동', 추억의 닭갈비 맛을 재현하는 '닭으로 가', 그리고 부대찌개 하면 생각나는 '금성스테이크 부대찌개', 오래된 중국집 '호화반점' 등이다.

3 인스피레이션

"창작자는 언제나 고달프지요. 매번 새로운 것을 담고, 또 바닥까지 퍼내야 하는 일, 그래서 가장 좋아하는 것이 여행이예요. 코로나 이전에는 정말 자주 다녔는데, 지금은 그렇지 못해 아쉽습니다. 제 꿈은 55세에는 일본 전역을 여행하고, 60세엔 한국 전역을 여행하는 거예요. 차를 가지고 전국 방방곡곡을 다닐거구요. 성당, 맛집을 돌아보는 여행을 기획하고 있어요. 서울에서도 여행을 하는 기분이 들거나 영감을 주는 장소들이 여러군데 있는데 그 중 애슐린 라운지는 제가 특별히 좋아하는 곳이랍니다. 책과 예술, 인쇄물이 주는 아날로그 감성을 좋아하는 이들이라면 마음에 드실 거예요."

애슐린은 샤넬, 루이비통 등의 브랜드북과 광고를 제작하는 아트북 전문 프랑스 출판사다 도산공원 근처에 아시아 최초로 오픈한 애슐린 라운지가 있다. 책 전시와 판매를 겸하는 북카페이며 유럽식 테라스의 낭만과 프렌치 스타일의 문화를 맛볼 수 있는 곳. 패션, 여행, 미식, 사진, 아트 전 방위에 걸친 아름다운 책들이 진열되어 있는 서가에서 미팅도 하고 혼자만의 시간도 가진다. 차, 커피, 샴페인은 물론 샐러드, 샌드위치, 디저트, 스낵 메뉴들도 있다.

4 신스타 떡볶이

"제가 미리내 분식 아들이에요. 엄마가 오랫동안 분식집을 하셨어요. 아마 광화문 주변에서 학교를 다닌 이들은 미리내 분식을 다 기억할거에요. 엄마의 떡볶이와 냉면을 늘 먹고 자라서 그런지, 그 맛이 너무그립더라구요. 전국을 다니면서 떡볶이를 먹어봤는데 엄마 떡볶이가 최고였어요. 그래서 2020년에 미리내 분식 레시피로 밀키트를 시작했어요. 그게 신스타 떡볶이에요. 엄마는 제가 떡볶이 사업을 하는걸 좋아하진 않으세요. 본인이 너무 힘드셔서 그랬는지, 그리고 밀키트인줄 모르니까 숍이 어디냐고 자꾸 물어보세요. 하하. 밀키트 사업은 부캐라 마음 편하게 하고 있어요. 신스타 떡볶이 맛의 비결은 100% 국산 고춧가루를 쓴다는 것, 고추장 대신 청양 고춧가루로 맛을 내요. 떡볶이와 샴페인이 의외로 잘 어울린다는거 아세요? 떡의 끝맛이 달달해서 샴페인과 만나면 근사한 기분을 낼 수 있어요."

서촌에 위치한 이탈리안 레스토랑 갈리나데이지의 데이지 셰프는 신우식이 아끼는 동생이다. 지인들과 함께 한 '부산맛집투어'에서 처음 만났는데, 지금은 일과 삶을 함께 하는 막역한 사이가 되었다. 매주 수요일 마다 그녀와 네이버 쇼핑 라이브를 함께 한다.
신스타 떡볶이는 순한맛, 매운맛, 밀떡, 쌀떡 네가지다
실제 가정집을 리모델링해 아늑하고 편안한 갈리나데이지 레스토랑의 시그니처 메뉴는 풍기와 보타르가 파스타다.

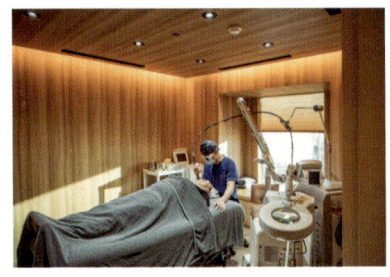

5.6 충전의 시간

"성수동에 있는 서울리안에서 친구들과 식사를 할거에요. 뉴욕에 사는 친구가 잠시 다니러 왔거든요. 언어에 대한 욕심이 많아서 그런지, 외국인 친구들과 어울리는 걸 좋아해요. 일어를 하고나서 깨달은 것은, 언어는 실력이 아니라 자신감! 지금은 영어든, 프랑스어든 간단한 단어라도 자신있게 말하고 진심을 보이니까 소통에 문제가 없습니다. '서울리안'의 주인인 박태윤 실장은 메이크업 아티스트로 업계 동료지요. 알고 지낸지 시간이 꽤 흘러 보기만 해도 힐링되는 친구랍니다.
요즘 드는 생각은 바쁠수록 몸을 챙겨야겠더라구요. 하루 한 끼는 꼭 집밥을 챙기고, 러닝도 시작했어요. 주로 밤에 한강 공원을 달려요 그리고 쉬는 날은 마사지를 받거나 피부 관리실에 가지요. 오늘 피부 관리 받는 날인데 함께 가실래요? 제가 특별해서가 아니라, 요즘 서울 남자들에게 관리는 필수 아닌가요?"

신우식씨가 찾은 더타임 의원은 압구정역에 가까이 위치한 피부, 성형 전문 의원이다. 카페 같이 아늑하고 편안한 내부에 들어서면 친절하고 전문적인 상담이 이어진다. 최신 장비를 갖췄고, 숙련된 의료진에게 개별 맞춤 관리를 받을 수 있어 연예인, 기업 회장들뿐만 아니라 해외 VIP들도 많이 찾는 곳.

서울 패피들의 공간으로 알려진 성수동의 작은 아지트, 서울리안은 요리 좀 하던 박태윤 실장이 평소 즐기던 음식들을 와인과 함께 내는 곳이다. 제철 가리비와 홍합, 오징어, 꼬막 등을 푸짐하게 올린 해산물찜이 대표메뉴. 감각있게 꾸민 작은 공간이 꽉 찬 느낌이 드는 것은 주인의 세심한 호스피탈리티 덕분. 박태윤 대표가 골라주는 와인은 실패가 없다.

DIRECTORY
[여 행 의 작 은 사 전]

01
서울의 오래된 가게들

02
서울 여행자들에게 추천하고 싶은
MOVE 가 고르고 고른 추천 스팟 132곳.

Editor 김빅토, 조은영
Photo 김희선, 조은영, 이규열, 업장제공사진

19   ACCOMMODATION

57   RESTAURANTS

19   DESSERTS

25   CAFES

12   PUB & BAR

주소   전화번호   영업시간   주차장   가격   객실 수   수영장   인스타그램   홈페이지

OLD STORES, HISTORY OF SEOUL

서울에도 오래된 가게들이 있습니다.

오래된 것이 무조건 좋은 것은 아닙니다. 하지만 오래 된 것들에는 이유가 있습니다. 저마다 그 세월을 견뎌 온 스토리가 있기 때문입니다.

서울에도 오래된 가게가 많습니다. 그렇지만 하나 둘씩 사라져가고 있어요. 그래서 저희는 '오래된 가게'들을 찾아 보기로 했습니다. 오래된 가게들은 서울의 역사 중 일부니까요. 만약 유럽 여행길에서 골목에 작게 위치한 오래된 빵집이나 공방을 흘낏거린 경험이 있다면, 왜 우리나라엔 100년 넘은 오래된 가게들이 적을까 생각한 적이 있다면...여기, 우리 곁에도 '오래된 가게'들이 있다는 것을 기억해 주세요.

서울의 '오래된' 그리고 '오래 가길 바라는 가게'들을 '오래가게' 라 부릅니다. 2017년부터, 오래된 가게들을 발굴했답니다. 2020년에는 서울의 동쪽과 북쪽으로 갔어요. 그래서 4년이란 기간 동안 오래된 가게, 총 106개가 발굴되었습니다. 전쟁을 겪은 우리는 유럽처럼 100년, 200년 된 가게가 많지 않습니다. 하지만 그 가운데에서도 30년 이상 이어가고 있는 곳, 2대 이상 대를 이어가는 곳, 또는 명인과 장인이 기술과 가치를 이어가는 곳들은 기억해야 합니다. 2021년에는 강남과 서초, 잠실 지역의 '오래가게'들을 발굴할 예정이라고 합니다. MOVE 는 이 일이 무척 기대됩니다. 의미있는 일이니까요. 그리고 한가지 확실한 것은, 현재를 함께 하는 우리 모두는 서울의 '오래된 가게'들이 '오래 오래' 우리 곁에 남길 바라고 있습니다.

서울의 오래된 가게들, 오래가게 2017~2020

* 상호명, 개업년도, 설명순입니다.
* 구 별로 정리했습니다.
* 2020년 11월 기준 리스트입니다.

종로구

상호	개업년도	설명
가원공방	1999	옥 빚는 장인이 있는 곳
경인미술관	1983	인사동의 오래된 한옥미술관
구하산방	1915	고종 황제가 찾았던 붓집
국선옻칠	1977	광장시장의 옻칠공예점
금박연	1856	한국 금박공예의 전통을 잇는다.
낙원떡집	1919	100년 역사의 국내 최초의 떡집
납청놋전	1982	방짜유기, 놋그릇의 모든것
내자땅콩	1974	종이봉투에 담긴 센베이의 추억
대구참기름집	1975	북촌 한복판, 고소한 향 풍기는 기름집
동림매듭공방	2004	전통 매듭의 아름다움
동양방아간	1974	부암동 랜드마크가 된 떡집
만나분식	1974	서촌 할머니 떡볶이집
명신당 필방	1932	서예에 모든것, 붓의 모든것
문화이용원	1940	추억이 되살아나는 이발관
박인당	1965	명인이 새기는 귀한 도장
북촌목공예공방	1972	북촌의 목공방
비원떡집	1949	70년 전통의 궁중떡집
삼보원	1973	조계사 옆 불교용품집
손맛김밥	1980	통인시장 엄마의 김밥
순희네 반찬	1969	광장시장 반찬가게
아원공방	1983	가족이 함께 해온 금속공예숍
유일한의원	1969	을지로 6가의 3대째 운영해 온 한의원
지대방	1982	인사동 전통 찻집
청원산방	1981	창호를 만드는 공방
탈방	1984	인사동 하회탈 가게
통문관	1934	가장 오래된 고서점
통인가게	1924	고미술과 현대공예의 만남
하늘물빛	1973	쪽 천연염색공방
학림다방	1956	대학로의 낭만이 있는 카페
효자베이커리	1987	서촌을 대표하는 콘브레드 빵집
거안	1981	오직 느티나무로 만드는 가구점
승진완구	1980	완구거리의 대표주자. 레고매니아의 천국
경은상사	1987	고 김광석의 단골집, 낙원악기상가
서울레코드	1976	LP와 CD 희귀음반 득템의 기회

동작구

상호	개업년도	설명
설화철물	1980	세월 스민 남성역 철물점
터방내	1983	사이폰 커피맛, 흑석동카페

은평구

상호	개업년도	설명
불광대장간	1963	대장장이 부자가 만드는 수제도구들
형제대장간	1976	형제가 운영하는 수색 대장간

서대문구

상호	개업년도	설명
가미분식	1975	이대앞 추억의 우동집
독수리다방	1971	신촌 추억 1번지, 청춘들의 다방
미도사진관	1967	증명사진 잘나오는 사진관
연희사진관	1950	연희동 3대 사진관
춘추사	1955	60년 전통의 가운 전문점
피터팬1978	1978	연희동 대표 베이커리
홍익문고	1957	서울 최고 오래된 서점
훼드라	1972	청양고추 팍팍 매운 라면집

마포구

상호	개업년도	설명
경기떡집	1958	망원동 부자 떡 명장들
글벗서점	1979	신촌의 헌책방
성우이용원	1927	100년 되어가는 이발소
사하라	1988	7080 재즈 라이브카페
다락	1981	떡볶이와 소주의 조합
코끼리분식	1986	공덕동 떡볶이 거리의 명물
호미화방	1975	홍대앞 화방
산울림 소극장	1985	공연 예술문화의 산증인

금천구

상호	개업년도	설명
금복상회	1978	손맛있는 봉제부속품점
평택쌀상회	1988	자연건조 국수 만드는집

영등포구

상호	개업년도	설명
맨투맨양복점	1983	1급 기능사 장인의 맞춤 양복점
미도파꽃집	1978	영등포 지하상가 카페옆꽃집
삼우치킨센타	1977	7080 통닭집
상진다방	1970년	대문래동 쌍화찻집
신흥상회	1975	문래창작촌 슈퍼콩나물라면
쌍마스튜디오	1986	연예인 증명사진집

중구

가무	1972	명동 비엔나 커피가 유명했던 커피숍
돌 레코드	1975	테이프와 LP, 중고 음반가게
서울상회	1971	남대문 대표 기념품점
서울음악사	1971	시청지하도 음반가게
송림수제화	1936	4대째 이어가는 수제화의 명가
을지다방	1985	쌍화차의 추억이 있는 옛날 찻집
종로양복점	1916	종로에서 을지로간 100년 양복점
태극당	1946	세대를 아우르는 서울대표빵집
한영양복점	1932	명동 퍼시픽호텔 내 맞춤양복점
예문사	1975	도장 장인이 새겨주는 작품
세븐웰	1975	서울역 수제화 거리의 발 편한 맞춤깔창 수제화

동대문구

효성한의원	1986	제기동 약령시장 내 한의원. 다미가 한방카페
엘부림양복점	1968	동대문 답십리의 양복 명장
학사당구장	1967	고려대 학생들의 추억이 있는 당구장
신락원	1965	3대가 이어가는 동대문구 중국집

용산구

포린북스토어	1973	외국책 중고서점
한신옹기	1967	해방촌 항아리 가게
원삼탕	1967	오래된 동네 목욕탕
김용안과자점	1967	삼각지의 센베이 가게
용산방앗간	1984	이촌 땡땡이길 떡집
개미슈퍼	1900년대	외국인들에게 더 유명한 슈퍼
대성표구사	1971	민화그림, 표구집
합덕슈퍼	1971	이태원 365일 운영, 오래된 슈퍼

구로구

혜성미용실	1979	추억의 옛날 미용실

관악구

그날이 오면	1988	서울대 앞 헌책방집
미림분식	1988	미림여고앞 분식집
휘가로	1987	신림동 고시촌 호프집

강서구

공항칼국수	1979	김포공항 앞 국물맛집
등촌동 최월선칼국수	1983	가성비 좋은 버섯매운탕
자성당약국	1969	동네 건강지킴이

성북구

보헤미안커피하우스	1990	드립커피의 시초가 된 커피명가
나폴레옹과자점	1968	제과명장의 베이커리
한상수자수박물관	1963	한국 자수의 미적가치
봉화묵집	1982	정릉 옆 손맛 좋은 묵밥과 만두

강북구

서울스튜디오	1973	50년 역사의 부자 사진관
황해이발관	1970	1인석 이발관

중랑구

잉꼬네떡볶이	1978	망우동 떡볶이 강자
동부고려제과	1974	떠나기전 만남의 장소

도봉구

함스브로트과자점	1974	쌍문동 제과 명장의 집

성동구

드림핸드메이드	1964	대통령의 신발을 제작한 수제화 장인
JS슈즈디자인연구소	1968	성수동 구두숍으로 영부인의 구두 제작
아다모스튜디오	1982	명품 의류 수선집
삼양탕	1972	오래된 동네의 여관개조 카페 옆 레트로 목욕탕
수유어묵공장	1974	뜨끈뜨끈 바로 먹는 수유시장 내 어묵집

DIRECTORY

ACCOMMODATION

도심은 물론 구석진 골목 안까지 다양한 스타일의 숙박들이 선택 장애를 일으킨다. 고급 호텔, 중소형 모텔, 한옥 호텔, 게스트하우스 등 숙소 고민은 언제나 즐거운 법.

Luxury

언제나, 누구나 만족하는 서울의 대표급 럭셔리 호텔들을 모아보았습니다.

01 JW메리어트 서울 품위 있는 그녀

JW 메리어트 호텔은 우리가 흔히 정의하는 5성급 호텔의 럭셔리함을 두루 갖추고 있다. 비즈니스, 쇼핑, 미식, 나이트라이프까지 서울 최고의 중심가로 꼽히는 강남에 자리하며, 두 개의 펜트하우스와 스위트룸 32실을 포함해 총 379개의 객실을 운영한다. 특히 JW 메리어트는 서울의 상징인 한강과 남산의 전망을 객실 안 대형 유리창으로 즐기는 '전망 맛집'이다. 섬세한 다이닝 공간도 돋보인다. '더 마고 그릴(The Margaux Grill)'에서는 유럽을 연상시키는 매혹적인 분위기 속에서 세계적인 그릴 전문 셰프가 우드 파이어 그릴로 구워내는 최상급 육류와 해산물을 맛볼 수 있다.

📍서초구 신반포로 176 ☎02-6282-6262 ₩310,000~(이그제큐티브 디럭스 더블) 🛏379 ▶️ @jwmarriottseoul 🌐 www.marriott.co.kr/hotels/travel/seljw-jw-marriott-hotel-seoul/

02 서울드래곤시티 용산을 대표하는 랜드마크

신개념 라이프 스타일 호텔을 지향하는 서울드래곤시티는 단순 호텔이 아닌, 대형 복합문화공간으로써 용산을 대표하는 랜드마크다. 그랜드 머큐어를 비롯해 노보텔 스위트, 노보텔, 이비스까지 프랑스 호텔 체인 아코르 그룹의 4개 브랜드와 함께 운영된다. 용산역 또는 용산전자상가에서 호텔까지 한 번에 연결되는 브리지가 있어 이동이 수월하고 이태원, 강남, 여의도 등 주요 도심과도 물리적으로 가깝다. 1,700개에 달하는 객실과 11개의 레스토랑 및 바, 4,900명까지 수용 가능한 컨벤션 시설 등 여행자의 모든 목적에 부합하는 부대시설을 자랑한다.

📍용산구 청파로20길 95 ☎02-2223-7000 ₩229,500~(그랜드머큐어 슈페리어 스위트) 🛏1,700~ ▶️ @seouldragoncity 🌐 sdc-club.com/ko

03 안다즈 서울 강남 한국 보자기에서 영감을 받다

안다즈는 하얏트 호텔 그룹의 최고급 라이프스타일 브랜드로, 럭셔리 이상의 럭셔리를 테마로 내세운다. 런던에서 처음 시작돼, 전 세계 21번째이자 아시아 4번째로 개장한 안다즈 서울은 2019년 9월, 압구정에서 영업을 시작했다. 한국의 패션과 뷰티, 아트, 미식 등 다양한 콘텐츠를 아우르는 한 차원 높은 서비스를 지향하지만, 객실 크기나 전망에서는 다소 아쉬움이 남는다. 네덜란드 디자이너 스튜디오 피에트 분(Studio Piet Boon)이 디자인한 241개의 객실은, 한국 전통 직조 예술의 미를 담고 있는 보자기에서 영감을 받은 것으로 유명하다. 일반 객실과 달리 은은한 분위기의 터키쉬 블루와 황토색을 기본으로 내부와 소품을 단장했다.

📍강남구 논현로 854 ☎02-2193-1234 ₩330,000~(1킹 베드룸) 🛏241 ▶️ @andazseoulgangnam

- 가나다 순
- COVID 19로 인한 영업시간 및 운영 내용은 변동 가능함

04 조선 팰리스 서울 강남 한국 호스피탈리티의 기준

조선 팰리스 서울 강남은 2021년 4월, 서울 역삼동에 문을 여는 조선호텔의 럭셔리 컬렉션 중 하나이다. 조선 팰리스는 조선호텔이 가진 헤리티지를 계승하는 동시에 호텔의 정수와 유산에 담긴 희소성을 바탕으로 세계적인 서비스를 제공, 호스피탈리티의 미학을 구현할 방침이다. 254개의 객실을 비롯해 내외국인 여행자를 위한 부대시설과 즐길 거리, 그리고 독창성에 주목해 호텔을 재단장하고 있다. 경제, 관광, 문화 등 산업 전반에 걸쳐 최고의 입지라 일컬어지는 강남의 심장부, 테헤란로에 자리하는 만큼 신세계 조선호텔을 대표하는 글로벌 호텔 브랜드이자 서울 강남을 대표하는 랜드마크 호텔로 발돋움한다는 계획이다.

📍 강남구 역삼동 🛏 254

05 포시즌스 호텔 서울 광화문의 화려한 야경

가장 한국적인 아름다움과 이국적인 개성이 조화를 이룬 포시즌스 호텔 서울. 43개의 스위트룸을 비롯해 총 317개의 객실을 운영하며, 서울 광화문에 위치해 현대적인 감각을 뽐낸다. 포시즌스는 특히 객실 내부에 자연 채광이 극대화되도록, 바닥에서 천장까지 통유리를 설계한 디자인으로 유명하다. 덕분에 낮은 물론 해가 진 저녁, 객실에서 밖을 내다보면 서울의 역동적인 풍경을 한눈에 감상할 수 있다. 다양한 레스토랑 구성도 인기다. 중식당 '유 유안(Yu Yuan)', 일식당 '키오쿠(Kioku)', 이탈리안 '보칼리노(Boccalino)', 뷔페 레스토랑 '마켓 키친(The Market Kitchen)'까지 총 7가지의 다이닝 시설을 갖추고 있다.

📍 종로구 새문안로 97 📞 02-6388-5000 ₩ 380,000~(디럭스) 🛏 317 Y
📷 @fourseasonskorea 🏠 www.fourseasons.com/kr/seoul

06 호텔신라 변함없는 브랜드의 가치

1979년 3월 개관한 호텔신라는 40년이 넘는 오랜 시간 동안 한자리를 지켜온 명품 호텔로써 굳건한 브랜드를 자랑한다. 그간, 수많은 국제행사와 국빈 방문을 치러냈으며, 유명 스타의 결혼식 장소로도 꾸준히 미디어에 노출됐다. 호텔 이름부터 천년 역사와 함께 가장 찬란한 문화예술의 꽃을 피웠던 신라 왕조의 이름에서 가져왔으며, 한국 전통과 현대적 감각을 겸비한 명소로 정평이 자자하다. 지하 1층과 이어지는 쇼핑 아케이드 및 192년 전통의 프랑스 겔랑 스파를 비롯해 실내 수영장, 체육관, 골프장, 조깅코스, 사우나까지 즐길 거리와 부대시설도 탄탄하다.

📍 중구 동호로 249 📞 02-2233-3131 ₩ 260,000~(디럭스) 🛏 464 Y
📷 @shillahotels 🏠 www.shilla.net/seoul/index.do

Boutique Hotels

개성있고 트렌디한 여행자들이 좋아하는 숙소들입니다.

07 라이즈 오토그래프 컬렉션 크리에이터를 위한 영감이 피어나는 곳

라이즈 오토그래프 컬렉션은 메리어트 인터내셔널 소속 브랜드로, 지역 고유의 감성에 독립적인 디자인과 서비스를 녹여낸다. 세계 각지의 크리에이터들이 자유롭게 모일 수 있도록 한국에서는 홍대에 둥지를 텄다. 객실은 272개로 각 객실에는 패션 브랜드 이세(IISE)가 디자인한 목욕가운이 비치돼 있다. 1층부터 3층까지 자리한 웍스아웃 플래그십 스토어는 칼하트, 브릭스톤, 닉슨 등 유명 스트리트 브랜드의 희소성 있는 아이템을 선보인다. 또, 15층에 위치한 루프탑 바 & 라운지 '사이드 노트 클럽'에서는 월드 클래스 바텐더들의 훌륭한 칵테일을 즐길 수 있다.

📍 마포구 양화로 130 ☎ 02-330-7700 ₩ 132,000~(크리에이터룸) 🚇 272 N
🏠 www.rysehotel.co.kr/stay

08 레스케이프 호텔 19세기 유럽 감성을 품은 호텔

어반 프렌치 스타일의 우아함을 선보이는 레스케이프 호텔은 서울을 대표하는 부티크 호텔이다. 2018년 7월 오픈, 서울 중구에 자리해 명동, 동대문, 을지로, 종로 등 강북권 관광지로의 이동이 쉽다. 레스케이프가 자랑하는 고풍스러운 객실 디자인은 벨에포크 스타일(Belle Époque)에서 가져왔는데, 이는 프랑스어로 '좋은 시대'라는 뜻. 19세기 유럽의 가장 화려하고 아름다운 문화와 패션, 감성을 고스란히 적용했다. 참고로, 호텔 6층에 위치한 메인 레스토랑인 '팔레드 신'은 1930년대 상하이의 화려함을 담은 인테리어로 유명하다. 반려견 동반 호텔로도 알려져 있다.

📍 중구 퇴계로 67 ☎ 02-317-4000 ₩ 152,000~(스탠다드 미니) 🚇 204 N 📷
@lescape_hotel 🏠 www.lescapehotel.com

09 몬드리안 서울 이태원 인스타그래머들이 스크랩하는 숙소

2020년 8월 오픈한 몬드리안 서울 이태원은 SNS 인증 붐을 타고 최근 가장 많은 이들이 선호하는 부티크 호텔이다. 해외 유명 갤러리를 연상시키는 예술 작품과 이국적인 메뉴를 갖춘 레스토랑, 남산타워의 야경이 펼쳐지는 루프탑, 4개의 개성 넘치는 바, 지하 1층으로 이어지는 편집숍까지 곳곳에 매혹적인 즐거움이 가득하다. 객실은 지상 5층부터 18층까지 총 296개의 룸과 스위트로 구성돼 있다. 특히 1층에 자리한 레스토랑 '클레오'는 지중해의 다양한 음식 문화를 현대적으로 재해석해 선보이며, 몬드리안의 작품에서 영향을 받은 화려한 색감의 천장 덕분에 꼭 방문할 명소로 손꼽힌다.

📍 용산구 장문로 23 ☎ 02-2076-2000 ₩ 140,000~(스탠다드) 🚇 296 Y
📷 @mondrianseoulitaewon 🏠 www.ambatel.com/mondrian/seoulitaewon

10 파티오세븐 호텔 강남 대표 아트 뮤지엄

몬드리안과 함께 핫한 부티크 호텔의 대표주자인 파티오세븐 호텔. 'No Concierge, No Room Service'를 지향하며 셀프 시스템과 친환경 정책을 구현했다. 복잡하고 소란스러운 강남에서 조용하면서도 프라이빗한 휴식이 가능해 입소문이 났다. 특히 이 호텔은 '아트 뮤지엄'이라고 불릴 만큼 곳곳에 다양한 예술 작품을 갖추고 있다. 윤정원 작가가 시장에서 구입한 천, 플라스틱 구슬, 큐빅 액세서리 등으로 만든 거대한 샹들리에는 인증샷 명당으로 손꼽힌다. R층에 위치한 '19+ POOL'은, 만 19세 이상부터 이용 가능한 성인 전용 수영장으로 신사동, 압구정을 포함한 강남 중심가와 한강까지 최고의 경치를 제공한다.

📍 강남구 논현로 736　📞 02-517-8833　₩ 209,000~(다운타운 킹)　🛏 109　Y
📷 @patio7_hotel　🏠 www.patio7.co.kr

11 포포인츠 바이 쉐라톤 서울 명동 70년대 을지로 분위기 만끽

서울 중구 저동에 위치한 포포인츠 명동은 4성급 호텔로 가족, 커플을 위한 실용성과 부티크 호텔의 개성을 동시에 갖췄다. 1970년대 을지로를 모티브로 호텔 내부를 장식해 레트로 감성을 선호하는 3040 투숙객들이 많은 편. 26층 규모의 375개 객실과 뷔페 레스토랑인 에볼루션(Evolution), 라운지&바(Lounge & Bar), 피트니스클럽, 미팅 룸 등의 부대시설을 운영한다. 슈페리어/디럭스/프리미어/을지로 스위트까지 4개 타입의 객실 중 선택 가능하며, 모던하면서도 편안한 분위기를 자랑한다. 소공동, 서대문, 명동, 을지로까지 주변 직장인들의 호캉스 명소로도 인기다.

📍 중구 삼일대로10길 36　📞 02-6466-6000　₩ 80,000~(슈페리어 게스트)
🛏 375　N　📷 @fourpointsmyeongdong　🏠 www.josunhotel.com/hotel/fpbsMyeongdong.do

12 L7 홍대 화려한 여름밤의 추억

L7 홍대는 2018년 롯데호텔이 론칭한 라이프스타일 호텔로, 개성과 취향이라는 키워드를 내세운다. 지상 22층 규모에 총 340개의 객실을 갖췄으며, 테라스가 있는 '로아시스 스위트', 19층과 20층의 코너에 있는 '스튜디오 스위트' 등이 차별화 요소다. 1층부터 3층 사이 위치한 '라인 프렌즈 플래그십 스토어', 인도요리 전문점 '강가', 컨템포러리 아트 갤러리 '피프티 피프티' 등 여러 상업시설도 눈길을 끈다. 호텔 최고의 핫 플레이스는 단연 22층에 위치한 루프탑 바 '플로팅'. 이국적인 분위기를 풍기는 야외 수영장과 바가 함께 있어 여름이면 매일 화려한 축제가 펼쳐진다.

📍 마포구 양화로 141　📞 02-2289-1000　₩ 90,000~(스탠다드 트윈)　🛏 340　Y
📷 @l7_hotels　🏠 www.lottehotel.com/hongdae-l7

Hanok / Guesthouse

한옥호텔은 외국인들이 특히 좋아하는 숙소입니다. 서촌과 북촌 일대에는 고급스러운 한옥 호텔이 많습니다. 게스트하우스도 한옥을 고르면 전 세계에서 온 친구들을 만날 수 있습니다.

13 녹서울(Nook Seoul) 낡은 적산가옥의 놀라운 변화

1930년대 중반에 지어진 오래된 적산가옥으로, 서울의 과거와 현대를 동시에 보여주는 독특한 느낌의 게스트하우스이다. 원래 한 건축가의 작업실이었으나, 뉴노멀 시대에 걸맞은 재생이라는 의미를 담고자 새롭게 탄생했다. 차별화된 총 3개의 공간을 제공하며 콘셉트는 다르지만 다이닝, 거실, 세탁, 지하실 등 부대시설을 함께 이용할 수 있다. 곳곳에 호스트의 애정이 담긴 소품과 예술품이 가득해 휴식 외 비즈니스 아이디어를 얻기에도 알맞다. 문화적 가치를 인정받은 녹서울은 '2016 서울특별시 건축상'을 수상했으며, '2015 서울특별시 아름다운 건물'에도 선정됐다.

📍 용산구 소월로2나길 6-2 ☎ 010-9366-2408 ₩ 190,000~ ⊟ 단독 하우스
N @seoulnooks 🏠 nookseoul.com

14 락고재 서울 북촌 한옥호텔 풍류가 살아 숨 쉬는 전통 한옥

한옥 호텔로 락고재가 운영하는 서울 본관. 130년이라는 유구한 역사를 지닌 한옥을 인간문화재 정영진 옹이 개조해 한국 전통이 살아 숨 쉬는 새로운 공간으로 창조해냈다. 전통기와, 담장, 정자, 굴뚝, 장독대 등 우리 고유의 장식이 푸른 소나무, 대나무, 파란 하늘 등과 만나 정갈하게 빛난다. 본관은 마당을 중심으로 'ㅁ'자 형태이며 과거 선비들이 즐겼던 정자, 연못, 대청마루 등이 멋스러운 풍류를 자아낸다. 천연 옥이 깔린 온돌방과 천기토로 만든 장작 찜질방 등이 있으며, 전통 한정식과 함께 다도, 찜질방, 궁중한복, 김치 담그기 등 다양한 체험 프로그램을 운영한다.

📍 종로구 가회동 218 ☎ 02-742-3410 ₩ 300,000(본관 안방) ⊟ 6 N
📷 @rakkojaeofficial 🏠 rkj.co.kr

15 보눔 1957 한옥 부티크 행복과 은총을 만끽하는 집

서울 중심부에 위치한 보눔(BONUM 1957)은 오래됐지만 투박하지 않은, 세련된 고급스러움을 내뿜는 한옥 부티크 호텔이다. 1940년대, 한국 무역업계의 토대를 구축한 1세대 기업가 고 김기탁 회장의 사저를 개조했다. 북촌 언덕이 내려다보이는 전망과 드라마 및 뮤직비디오에 자주 등장하는 정원의 고즈넉한 풍경으로 상당히 유명한 곳. 호텔 이름인 보눔(Bonum)은 라틴어로 '행복'과 '은총'을 뜻한다. 한옥과 양옥이 서로 마주 보는 구조이며 10개의 일반 객실과 독채 한옥으로 구성돼 있다. 객실 인테리어와 소품, 장식품, 가구까지 한국 장인 문화를 상징하는 예술품이 즐비해 가치가 남다르다.

📍 종로구 북촌로 53 ☎ 02-763-1957 ₩ 180,000(클래식) ⊟ 11 N
🏠 bonum1957.com

16 복합한옥공간 곳 생각을 채울 수 있는 공간

'곳'은 '채울 수 있는 공간(the place to fill)'을 모티브로 게스트하우스, 이벤트 및 기획, 한옥 오피스를 함께 운영하는 복합문화공간이다. 작은 정원이 있는 한국 전통 가옥으로 창덕궁 인근에 있으며 인사동, 경복궁과도 가깝다. 단순히 방을 제공하는 것을 넘어, 우리 전통 한옥을 바탕으로 다양한 사람들이 모여 의미 있는 생각과 나눔을 공유할 수 있는 공간을 지향한다. 곳의 게스트하우스는 개나리, 산수유, 대나무 방이 마련돼 있으며, 객실 내에는 온돌과 에어컨이 설치돼 있다. 특히 유기농 조식과 친환경 생필품 제공 등 의식 있는 소비에 앞장서고 있다.

📍 종로구 계동길 52-11 ☎ 010-3255-1289 ₩ 100,000(개나리방) 🛏 3 N
📷 @theplaceseoul 🏠 www.theplaceseoul.com

17 창신기지 새로운 영감을 불러일으키는 집

창신기지는 동대문역 인근에 위치한 신개념 한옥으로 오랜 세월의 흔적이 묻은 아름다운 공간에서 프라이빗하고 이색적인 휴식을 경험할 수 있다. 1937년에 지어진 한옥을 개보수한 독채형 렌탈 하우스이다. 창신기지라는 이름은 '새로운 영감을 불러일으키는 집'이라는 뜻. 타인의 방해 없이 안전하고 특별한 추억을 만들 수 있어 코로나 시대에 더욱 각광받고 있다. 숙박, 스터디, 야영, 바비큐, 워크숍, 실내 캠핑 등 모든 모임에 적합하며, 나무로 만든 욕조에 누워 서울의 밤하늘을 바라보는 노천탕은 특히 인기다.

📍 종로구 종로48길 31 ☎ 0504-0904-2002 ₩ 250,000(2인 기준) 🛏 단독 하우스 N
📷 @creativehous 🏠 www.creativehouse.co.kr

18 청연재 한옥호텔 외국인 친구에게 보여주고 싶은 서울

청연재는 '맑고 깨끗한, 그래서 더없이 소중한 인연'이라는 뜻의 한옥 호텔이다. 경복궁과 창덕궁의 중간 길목에 위치하며 락고재와 마찬가지로 'ㅁ'자 형태로 설계됐다. 80년이 넘는 긴 시간 동안 자리를 지켜왔으며, 몇 차례 재단장을 거쳐 현재는 안채, 사랑채, 행랑채, 앞마당, 바깥마당으로 구성돼 있다. 나무, 돌, 황토 등 자연 친화적인 재료만 사용하는 덕분에 마치 깊은 산속에 떨어진 것처럼 머무르는 내내 편안하다. 닥나무 껍질로 만들어진 한지를 나무로 만든 문과 창문에 바르고, 지붕은 찰흙을 반죽한 기와를 사용하는 등 구석구석 전통적인 매력이 가득해 꼭 한번 외국인 친구에게 소개하고 싶다.

📍 종로구 북촌로6길 13-2 ☎ 02-744-9200 ₩ 350,000(다온 3인 기준) 🛏 5 N
📷 @cheongyeonjae_hanok 🏠 www.hcyj.kr

19 통의동 보안여관 나그네들이 머물던 사랑방

경복궁을 마주하고 서촌을 아우르는 보안여관은 1942년부터 길목을 지킨 나그네들의 쉼터이자 서정주, 김동리 등의 대표 문인들이 '시인부락'이라는 문학 동인지를 만든 한국문학의 산실이었다. 오랜 역사와 상징성이 함께하는 보안여관은 이후 몇 차례의 개보수 작업으로 신관을 구축하고 카페(33마켓), 전시 공간(아트 스페이스 보안), 책방, 게스트하우스가 함께하는 보안1942로 거듭났다. 반짝이는 강이나 고층에서 내려다보이는 화려한 빌딩 숲은 없지만, 정갈한 한옥 지붕과 경복궁의 꼿꼿하고 부드러운 자태는 어느 호텔 전망과 견주어도 부족함이 없다.

📍 종로구 효자로 33 ☎ 02-720-8409 ₩ 100,000~(싱글룸) 🛏 6 N
📷 @boan1942 🏠 b1942.com

RESTAURANTS

서울 여행을 한다면, 조금 더 특별한 곳에서! 스토리와 맛, 건강, 역사를 아우르며 치열한 경쟁을 거듭하고 기록을 남기는 서울의 다이닝, 세심하게 골라 보았다.

Michelin Selected Dining

미쉐린 가이드가 서울 레스토랑들에 별을 우수수 떨어뜨렸습니다. 미쉐린 스타 레스토랑에서 식사를 해보는 건 어떨까요? 특별한 날, 특별한 여행, 특별한 추억이 됩니다.

01 가온 4연속 미쉐린 3스타 선정

2003년 '한식 세계화'를 목표로 문을 연 가온. 한국식 다이닝을 말할 때 첫번째로 등장하는 식당이다. 오픈 초기 다소 높은 가격과 익숙지 않은 코스 메뉴로 고전을 겪었지만, 맛과 우수성, 음식을 연출하는 상차림까지 호평받으면서 금세 업계 선두로 도약했다. 재료에 대한 책임감, 좋은 식재료를 알아보는 안목, 본연의 맛이 살아있는 요리라는 세 가지 원칙을 고집한 결과, 4연속 미쉐린 3스타 선정이라는 당당한 결실을 일궜다. 한국 문화의 우수성을 음식으로 구현한 가온은 서울을 넘어 한국의 맛을 대표하는 식당으로 성장한지 오래다.

📍 강남구 도산대로 317 M층 ☎ 02-545-9845 ⏰ 화~토 17:30~23:00
메뉴 온날 코스(점심) 120,000~ 가온 코스(저녁) 225,000~ 🏠 gaonkr.com
📷 @gaon_seoul Ⓟ Y

02 권숙수 조선시대 궁중 요리사의 마음가짐

권우중 셰프가 운영하는 권숙수는 미쉐린 2스타 한식 레스토랑이다. 전국 각지의 진귀한 식재료와 직접 담근 장, 김치, 젓갈, 장아찌를 이용해 모던하면서도 전통적인 한국 다이닝을 선보인다. 숙수는 조선시대 궁중에서 음식을 담당하던 남자 전문 요리사를 일컫는 말. 왕에게 바치는 요리처럼 정성과 품격 가득한 메뉴들이 눈길을 사로잡는다. 민어, 백합, 굴, 트러플 등 실제 요리에 쓰이는 재료의 면면도 화려하다. 숙수상, 미식상으로 구성돼 있는 런치 코스 주문 시, 우리 술과 한 입 거리 안주 6종을 애피타이저로 먼저 제공한다.

📍 강남구 압구정로80길 37 ☎ 02-542-6268 ⏰ 월~토 12:00~15:00 / 18:00~22:30 메뉴 점심 미식상 150,000, 저녁 숙수상 200,000 🏠 kwonsooksoo.com Ⓟ Y

03 라연 미쉐린 3스타 한식당

서울 신라호텔 23층에 위치한 라연은 한식당으로서는 세계 최초로 미쉐린 3스타 레스토랑으로 선정된 명소다. 신라호텔에서 내려다보이는 전망과 잘 훈련된 직원 서비스, 고급스러운 분위기까지 여러 면에서 만족감을 선물한다. 궁중 신선로, 국내산 한우 구이, 도미 냉채, 잣죽, 전복 해초 비빔밥 등 라연의 메뉴는 익숙한 동시에 섬세한 반전 매력을 자신한다. 여기에 애피타이저를 주전부리로, 식사를 진지로 표현하는 등 한국적 감성이 묻어있는 메뉴 이름도 은근히 자랑스럽다.

📍 중구 동호로 249 ☎ 02-2230-3367 ⏰ 매일 12:00~14:30/17:30~21:30
메뉴 코스 108,000~, 저녁 코스 195,000~ 🏠 www.shilla.net/seoul/dining/viewDining.do?contId=KRN#ad-image-0 Ⓟ Y

- 가나다 순
- COVID 19로 인한 영업시간 및 운영 내용은 변동가능함

04 묘미 맛의 재미에 흠뻑 취하다

일상 속 미묘한 재미나 흥을 일컫는 '묘미'. 맛에서도 묘미를 느낀다면 그야말로 금상첨화다. 묘미는 식당 이름처럼 모든 코스에서 신비하고 몽환적인 동시에 신나고 재미있는 맛을 느낄 수 있다. 서울 종로를 대표하는 파인 다이닝 식당으로써 안국역 주변에 위치해 창덕궁이라는 근사한 전망도 함께 자랑한다. 묘미의 김정묵 헤드 셰프와 문병철 셰프는 계절마다 매번 다른 재료로 심플하면서도 창의적인 코스 요리를 선보인다. 경쟁사 대비 젊고 캐주얼한 분위기와 신선한 코스 구성도 큰 장점으로 꼽힌다.

📍 종로구 율곡로 83 5층 ☎ 02-515-8088 🕐 화~토 12:00~15:00 / 18:00~22:00 메뉴 점심 코스 100,000~ 저녁 코스 180,000~ 🏠 www.myomiseoul.com 📷 @myomi_seoul Ⓟ N

05 밍글스 무지개 같은 개성의 조화

청담동 소재 '밍글스'는 전통 한식에 대한 강민구 셰프의 끊임없는 고민과 혁신, 창의성이 더해진 결과물이다. 식당 이름은 '서로 다른 것끼리 조화롭게 어우르다'는 뜻의 영어 단어 'mingle'에서 따왔다. 된장, 고추장 등 한국의 장을 소스로 활용하고 자연에서 나온 제철 식재료를 활용한 감각적인 코스 요리는 인종, 성별, 나이를 떠나 모든 손님을 만족시킨다. 특히 강민구 셰프는 음식을 돋보이게 하는 상차림에 대한 애정이 상당하다. 아름다운 그릇 및 식기와 독창적인 플레이팅은 밍글스 다이닝의 즐거움을 더해준다.

📍 강남구 도산대로67길 19 힐탑빌딩 2층 ☎ 02-515-7306 🕐 매일 12:00~15:00 / 18:00~22:30 메뉴 점심 코스 90,000~ 저녁 코스 220,000 🏠 www.restaurant-mingles.com Ⓟ Y

06 스와니예 완성도 높은 서울 다이닝

2013년 12월 24일, 크리스마스 선물 같은 레스토랑이 탄생했다. 스와니예는 팝업 레스토랑으로 이름을 알린 이준 셰프의 첫 공간이다. 스와니예는 '완성도 높은', '잘 만들어진'이라는 뜻의 프랑스어이자 이준 셰프의 유학시절 별명에서 가져왔다. 스와니예는 영화 같은 경험을 선물하고자 매번 다른 주제가 녹아든 에피소드 메뉴를 선보인다. 녹황색 채소와 해조류 및 해산물 등 건강한 재료를 토대로 맛과 영양, 심리적 편안함까지 두루 챙긴다. 다이닝 카운터는 오픈 키친 형태로 뮤지컬 무대 같은 느낌을 준다.

📍 서초구 반포동 549-17 ☎ 02-3477-9386 🕐 매일 12:00~15:00/18:00~22:00 메뉴 점심 코스 88,000 저녁 코스 178,000 🏠 soigneerestaurantgroup.com/wp/soigneseoul 📷 @soigneseoul Ⓟ Y

07 정식당 '뉴 코리안(New Korean)' 신흥 장르 탄생

정식당은 서울과 뉴욕을 기반으로 현대적이고 독창적인 한식을 선보이는 임정식 셰프의 공간이다. 임정식 셰프는 친숙한 재료와 우리 전통 한식을 획기적 메뉴로 전환해 '뉴 코리안(New Korean)'이라는 새로운 장르를 만든 장본인이다. '눈으로 먹는다'는 후기처럼 정식당 메뉴는 전부 소장 가치의 아름다움을 뽐낸다. 네모상자에 플레이팅 되는 튀김, 돌하르방 모형과 함께 나오는 디저트까지, 언제가도 다시 오고 싶다는 생각이 드는, 즐거운 경험을 선사하는 창의적 식당이다.

📍 강남구 선릉로158길 11 ☎ 02-517-4654 🕐 월~금 12:00~15:00 / 17:30~22:30 토일 11:00~17:00 / 17:30~24:00 메뉴 점심 코스 78,000~ 저녁 코스 155,000~ 🏠 jungsik.kr 📷 @jungsik_inc Ⓟ Y

Star Chef

TV에서 본 스타 셰프가 눈 앞에서 음식을 하는 모습을 지켜볼 수 있는 것 또한 서울 여행의 기쁨이 아닐까요? 맛도 있고 실력도 있는 스타 셰프들의 감각을 만나러 가보시죠.

08 목란 '겉바속촉' 서울 최고의 멘보샤

유명 식당의 문제점은 실제 방문했을 때 책임 셰프가 자리에 없거나 음식 맛이 평범한 수준이라는 데 있다. 하지만 목란은 다르다. 다양한 방송과 매체에서 친숙하고 인자한 모습으로 유명한 이연복 셰프는 언제나 주방을 지킨다. 연희동 터줏대감인 목란은 탕수육, 동파육, 칠리새우 등 대부분의 요리 메뉴가 만족스럽다. 무엇보다 이 집의 시그니처는 '겉바속촉'의 대명사 멘보샤. 미리 예약하지 않으면 맛보기 힘들 정도로 인기가 많으며 바삭함과 풍성한 맛을 자랑한다.

📍 서대문구 연희로15길 21 ☎ 02-732-1245 ⏰ 화~일 11:30~15:00 / 17:00~21:20
메뉴 동파육(소) 45,000, 칠리새우 40,000, 멘보샤(소) 35,000 Ⓟ Y

09 안티트러스트 2층 테라스에서 즐기는 코스 요리

안티트러스트는 가성비 좋은 코스 요리를 내세우는 레스토랑이다. 과거 '앤드 다이닝'과 '묘미'에서 일했던 장진모 셰프가 합리적이고 건강한 음식을 선보인다는 취지 아래 2020년 오픈했다. 2층 단독주택을 개조한 형태로 테라스를 갖추고 있어 와인을 함께 곁들여도 좋다. 일부 레스토랑과 달리 단품 주문도 가능하고 코스 요리도 5만 5천 원부터 시작하는 등 가격에 거품을 뺐다. 그래서인지 기념일을 챙기는 커플이나 젊은 고객 비중도 높은 편. 몬드리안 호텔 맞은편이다.

📍 용산구 장문로 20 1층 ☎ 0507-1379-2289 ⏰ 수~일 18:00~01:00
메뉴 코스요리 55,000~ Ⓟ N

10 어라우즈 쉿! 우리끼리 비밀 아지트

셰프 겸 칼럼니스트로 유명한 장준우 셰프가 자신의 철학을 실현하는 작은 공간을 홍은동에 오픈했다. 전체 좌석이 14석에 불과한 '어라우즈'는 요리의 국적, 만드는 방법, 스타일보다는 본연의 식재료가 주인공인 와인바 겸 레스토랑이다. 스테이크나 파스타 같은 기본 메뉴가 있지만, 고정적이지 않으며 제철 재료를 이용한 과감한 시도와 경계 없는 협업으로 유명하다. 주택가에 위치한 숨겨진 아지트 같은 느낌. 100% 예약제다.

📍 서대문구 증가로6길 34-27 1층 ☎ 010-5152-7501 ⏰ 화~금 17:00~23:00 / 토~일 12:00~23:00 메뉴 뼈 등심 스테이크 18,000, 멸치 타르타르 18,000, 파스타 20,000 🏠 www.mytable.info/m/arouz 📷 @arouz_seoul Ⓟ N

11 에빗 호주 출신 요리사의 한국 상륙

호주 출신 요리사 조셉 리저우드가 2018년 오픈한 한식 파인 다이닝 레스토랑이다. 외국인 요리사의 한식요리는 어떨까? 전 세계를 유랑하며 실력을 쌓은 그는 한국의 풍성한 식재료와 다양한 장류의 매력에 반해 한국에 정착했고, 오픈하자마자 미쉐린 스타를 획득해 유명해졌다. 평범하고 익숙한 재료에 생각지도 못한 혁신적인 요리법을 담아내고, 플레이팅도 창의적이다. 한국적 요소를 최대한 반영해 오래된 돌, 한옥의 문고리, 항아리 등을 활용한다. 참고로 '에빗'은 요리사의 미들네임이다.

📍 강남구 도곡로23길 33 ☎ 070-4231-1022 🕐 목~일 18:00~23:00, 토~일 12:00~15:00 **메뉴** 점심 코스 75,000~, 숏 코스 150,000
🏠 www.restaurantevett.com @restaurantevett Ⓟ Y

12 카덴 일본 감성 그대로 맛까지 재현

한국에 일식당은 많지만, 맛과 정통성을 따지자면 진짜를 찾아내기가 쉽지 않다. 그런 의미에서 정호영 셰프의 '카덴'은 일본 여행에서 느꼈던 맛과 감성을 두루 챙기기에 좋다. 오사카에서 공부를 마치고 19년의 일식 경력을 자랑하는 그는 우동과 정식, 이자카야까지 폭넓은 메뉴를 선보인다. 카덴의 우동은 면의 쫄깃함과 담백한 국물 청어 등의 이색 재료로 유명하다. 여기에 사시미와 조림, 구이 등을 기본으로 매일 반찬이 바뀌는 정성스러운 정식 한상도 변함없는 스테디셀러다.

📍 마포구 양화로7안길 2-1 ☎ 02-6463-6362 🕐 월~금 11:30~14:30 / 17:00~22:00 토 11:30~21:30 **메뉴** 유부우동 8,500, 새우크림우동 12,000
🏠 www.caden.co.kr Ⓟ Y

13 테이블포포 태안 제철 재료가 테이블 위로

'테이블 포포'는 서래마을에 위치한 이탈리안(유러피안)파인 다이닝 레스토랑이다. 코스 요리를 지향하며 프렌치와 이탈리안 경계 없이 다양한 양식기법을 구사한다. 이곳의 가장 큰 특징은 지역 농장이나 업체와 직접 거래를 맺고 매일 신선하고 좋은 식재료를 수급해 요리를 만든다는 것. 충남 태안 출신인 김성운 셰프는 태안 앞바다에서 나는 제철 해산물을 이용해 섬세하고 세련된 음식을 선보인다. 8코스 런치코스가 5만원, 가성비 좋은 훌륭한 요리는 미쉐린도 진즉 알아보았다.

📍 서초구 사평대로14길 11 명빌딩 ☎ 010-2683-6480 🕐 매일 12:00~15:00 / 18:00~22:00 **메뉴** 점심 코스 50,000~ 저녁 코스 100,000~
🏠 tablefor4.fordining.kr Ⓟ Y

14 한식공간 창덕궁 전망의 아름다운 한식당

'한식공간'은 '셰프들의 셰프'이자 '한식 대모'라 불리는 조희숙 셰프의 공간이다. 서울 소재 특급호텔 주방과 학생을 가르치는 강단을 무대로 전방위 활동하며, 현장 경험과 실력을 두루 갖춘 그는 '1세대 모던 한식'의 대표 주자로 꼽힌다. 안국동 아트 갤러리, 아라리오 4층에 위치한 '한식공간'은 창덕궁이 내려다보이는 고즈넉한 전망이 음식의 격을 더 높여준다. 부각 탕수, 새우 잣즙탕, 낙지 초회, 갈치조림 등 전통적이지만 양념과 조리 방법에서 차이가 나는 코스 요리는 묵직한 맛을 뽐낸다.

📍 종로구 율곡로 83 공간신사옥 4층 ☎ 02-747-8104 🕐 월~토 12:00~15:00 / 18:00~22:00 **메뉴** 점심 코스 70,000~ 저녁 코스 130,000~ 🏠 catchtable.co.kr/hansikgonggan Ⓟ N

I Love Veggies!

채식 전문 식당이 100% 비건이나 채식주의자만을 위한 곳이라 알고 있다면 오산입니다. 오감을 자극하는 맛과 비주얼로 트렌드를 이끌어가는 지금 서울에서 가장 '핫' 한 채식 전문 식당을 엄선했습니다.

15 로컬릿 채소가 예뻐, 채소가 좋아

호기심을 자극하는 옥수의 신흥강자, '로컬릿'은 '지역(local)'과 '먹다(eat)'의 합성어로 이탈리안에 기반을 둔 채식 위주의 레스토랑이다. 구운 제철 채소에 각종 콩, 이파리 등을 더한 채소테린과 구운 호박치즈 필링을 채워서 만든 호박 까넬로니 등 이집의 요리들을 맛보면 누구나 채소가 좋아질 것이다. 인스타그램에 요리사진이 도배될 만큼 아름답고 예쁜 플레이팅도 이집의 강점이다. 예쁜 컬러가 식감을 돋구는 역할을 하는 것은 분명하다. 여자들의 브런치 식당으로도 각광 받고 있다.

📍 성동구 한림말길 33 2층 ☎ 0507-1354-3399 🕐 수~일 11:00~15:00 / 17:00~21:00 메뉴 가지 라자냐 16,000 호박 까넬로니 19,000, 시금치 뇨끼 18,000 📷 @the_local_eater 🅿 Y

16 발우공양 세계가 열광하는 사찰음식의 본가

조계사 근처에 위치한 '발우공양'은 정갈하고 고급스런 분위기의 서울 대표 사찰음식 전문점이다. 선식, 원식, 마음식, 희식 등 불교에서 온 주제로 메뉴를 구성하고 간은 최소화하되 맛과 건강을 고려해 재료 선정에 상당한 공을 들였다. 철마다 다른 요리를 내놓는데, 3~5월에는 봄나물 두부 경단, 더덕 봄나물 무침, 청포묵 냉채, 약 쑥차 등 봄 내음 물씬 풍기는 한상으로 꽃놀이 같은 식사를 즐길 수 있다. 외국인 접대로 인기있는 식당 중 하나다.

📍 종로구 우정국로 56 ☎ 02-733-2081 🕐 월~토 11:30~13:20 / 13:30~15:00 / 18:00~21:30 메뉴 선식 30,000, 원식 45,000, 마음식 65,000 🌐 balwoo.or.kr 🅿 Y

17 베이스이즈나이스 건강한 한끼

'채식은 맛이 없다, 먹고 나도 속이 허하다'는 생각이 있다면 공덕에 위치한 '베이스이즈나이스'를 적극 추천한다. 흔히 생각하는 차가운 샐러드가 아니라 따뜻하고 속 든든한 백반 같은 한상차림을 만날 수 있다. 무화과를 얹은 우엉, 구운 두부, 가지 고추 등을 올린 밥에 아삭한 절임, 계란, 순무 무침을 더하면 맛도, 눈도 즐겁다. 레스토랑 컨설턴트, 푸드 스타일리스트, 식음 기획자로 오랜 기간 활동한 장진아 대표의 센스가 빛을 발하는 곳.

📍 마포구 도화2길 20 ☎ 0507-1306-6724 🕐 화~금 10:30~14:30, 목~금 18:00~21:00, 토~일 11:30~15:00 메뉴 옥수수 밥 16,000, 구운 두부 밥 17,000, 가지고추 밥 17,000 📷 @baseisnice_seoul 🅿 N

18 베제투스 식사부터 디저트까지! 완벽한 비건 천국

해방촌의 '베제투스'는 완벽한 비건 식당을 지향한다. 샐러드, 햄버거, 파니니, 파스타 그리고 와인, 음료들까지 어느 것 하나 동물성 재료는 사용하지 않았고 넛츠프리, 글루텐 프리 메뉴가 모두 표시되어 있다. 식물이 가득한 활기찬 공간에서 렌틸, 귀리, 현미, 햄프시드 등 건강한 식재료들로 만든 요리들을 즐기자. 여기는 비건들의 천국! 글루텐프리 빵도 예약 시 구매 가능하다.

📍 용산구 신흥로 59 ☎ 0507-1407-4431 🕐 월~금 12:00~15:00 / 17:00~21:30 토~일 12:00~21:30 **메뉴** 미니 라따뚜이 11,000, 비건 비프 파니니 13,000, 베제투스 버거 13,000 🏠 vegetus.kr 📷 @vegetuskr 🅟 N

19 오세계향 채식으로 만든 짜장면, 이게 말이 돼?

인사동 쌈지길 뒤편에 자리한 '오세계향'은 다양해지는 채식 요리의 변화를 이끌어가는 식당이다. 2007년 오픈해 평범해 보이는 일상 백반 메뉴들을 채식으로 소개하기 시작하여 벌써 15년 정도의 내공이 쌓였다. 달걀 및 우유조차 사용하지 않는 100% 비건 식당이며, 무오신채 메뉴들도 표시했다. 짜장면, 짬뽕은 물론 순두부, 불구이쌈밥, 스테이크정식, 비건가스정식, 떡볶이까지! 모두 100% 채식, 맛도 좋고 영양도 좋고 보기도 좋다는 상투적인 문구가 이곳에서만큼은 진실이다.

📍 종로구 인사동12길 14-5 ☎ 02-735-7171 🕐 매일 11:30~15:30 / 17:00~21:00 **메뉴** 채식 자장면 7,500, 순두부 강된장 10,000, 매실탕수채 9,000, 두개장정식 10,000 🏠 www.go5.co.kr 🅟 N

20 푸드더즈매터 관자, 연어, 치즈도 비건

2020년 서래마을에 등장한 '푸드더즈매터'는 버터, 계란, 우유도 사용하지 않는 100% 비건을 고집한다. 시그니처 메뉴는 관자 갈릭 파스타와 오픈 샌드위치로 여기에는 놀라운 반전이 숨어있다. 관자는 새송이버섯에 칼집을 내어 만들었고, 오픈 샌드위치에 들어간 당근으로 만든 훈제 연어, 두부로 만든 체다 치즈는 맛이나 식감이나 정말 감쪽같다. 햇살 잘 드는 분위기 좋은 레스토랑은 카페와 베이커리도 겸한다. 일주일에 하루쯤 지구를 생각하는 브런치를 즐겨보자.

📍 서초구 서래로1길 10 1층 ☎ 0507-1440-3323 🕐 월~토 10:00~22:00 일 10:00~21:00 **메뉴** 오픈 샌드위치 13,000, 똑갈비 15,000, 클래식 치즈 버거 17,000 📷 @food_does_matter 🅟 Y

21 플랜트(PLANT) 채식 레스토랑의 조상님

플랜트(PLANT)는 100% 비건 기반의 레스토랑 겸 베이커리로 2013년 7월 문을 연 '채식 레스토랑의 조상' 격이다. 당시에는 12개 좌석이 있는 작은 베이커리였지만, 점차 채식에 대한 관심이 높아지면서 현재는 이태원 중심가에 더 넓은 매장으로 자리를 옮겼다. 다양한 국적의 인종이 거주하며 개성 강한 식당이 많은 이태원에서도 '플랜트'의 명성은 높은 편이다. 콩고기나 대체육을 사용한 버거부터 신선한 채소 샐러드와 파스타, 곡물 중심의 후무스 그리고 계란과 우유를 사용하지 않는 디저트까지 메뉴 선택에서부터 즐거움이 넘친다.

📍 용산구 보광로 117 2층 ☎ 02-749-1981 🕐 매일 11:00~22:00 **메뉴** 당근케이크 7,500, 플랜트 치즈버거 13,000, 머쉬룸버거 14,500 🏠 www.plantcafeseoul.com 📷 @plantcafeseoul 🅟 N

Over 40 Years Old, Korean's Soul Food

40년 이상 된 서울 노포입니다.
긴 설명은 안하겠습니다.

22 무교동북어국집 해장하러 왔다가 해장하고 갑니다!

Since 1968. 술꾼들의 성지이자 맛집이 즐비한 무교동 골목을 대표하는 시원한 북엇국 식당. 무교동북어국은 상호대로, 오로지 북엇국 하나만 판매한다. 오전 7시면 가게 문을 여는 데, 일찌감치 운동에 나선 어르신이나 출근 전 직장인, '해장술'을 즐기는 젊은이까지 한가할 틈이 없다. 점심시간에는 골목 끝까지 길게 줄을 선 풍경이 일상. 김치, 부추무침, 오이지 등 정겨운 반찬과 후루룩 마시는 북엇국 한 그릇이면 언제나 기운이 난다. '한 그릇 더' 주는 인심은 아직도 유효하다.

📍 중구 을지로1길 38 ☎ 02-777-3891 🕐 월~금 07:00~20:00 / 토~일 07:00~15:00 메뉴 북어해장국 8,000 Ⓟ N

23 봉화묵집 김치 하나까지 손수 만드는 고집

Since 1982. 북한산 끝자락에 위치한 봉화묵집은 2010년부터 어머니 서순필 사장의 푸근한 손맛을 이어받은 아들 정인식 사장이 이끌고 있다. 시원하고 탱글탱글한 식감의 메밀묵과 두툼한 피를 자랑하는 손만두, 구수하고 깔끔한 국물의 손칼국수, 그리고 배추전. 막걸리가 절로 술술 들어간다. 묵은 노란 조밥을 곁들인다. 아직도 식당 한구석에서 만두를 빚고 반찬을 만드는 어르신들의 모습을 볼 수 있는 정겨운 노포다.

📍 성북구 아리랑로19길 46-2 ☎ 02-918-1668 🕐 매일 11:00~19:00 (첫째주, 셋째주 월요일 휴무) 메뉴 메밀묵 7,000, 손칼국수 7,000, 손만두 7,000 Ⓟ Y

24 신안촌 대통령의 단골집, 신안의 맛

Since 1986. 신안촌은 엄마집, 딸집 두군데다. 요즘 사람들은 세종문화회관 뒷편의 딸집을 더 많이 알고 있지만, 원조는 엄마집이다. 목포에서 자란 이금심 대표가 호남의 해산물을 직송, 남도 음식을 내놓고 있다. 매일 아침 새벽 4시 30분이면 일어나 직접 장을 보고 당일 쓸 재료를 구매하는 이대표의 정성이 자연스레 맛으로 이어졌다. 고 김대중 대통령이 신안촌의 단골이었던 것은 유명한 이야기다. 낙지꾸리, 낙지호롱, 홍어탕, 홍어삼합, 매생이탕, 굴, 떡갈비, 민어까지. 남도음식의 진수를 볼 수 있는 곳이다.

📍 종로구 사직로12길 8 ☎ 0507-1418-7744 🕐 월~토 12:00~14:30 / 17:00~22:00
메뉴 연포탕 23,000, 병어조림 60,000, 낙지꾸리 55,000~
🏠 blog.naver.com/shinanchon_official 📷 @sinanchon3 Ⓟ Y

25 안동장 겨울이면 생각나는 시원한 굴 짬뽕

Since 1948. 을지로의 '안동장'은 현존하는 국내 중식당 가운데 가장 오래된 식당으로 알려져 있다. 붉은색 간판에 적혀 있는 개업 연도는 무려 1948년. 6.25 전쟁 전으로 거슬러 올라간다. 단골 손님이 워낙 많아 점심 시간에 웨이팅은 필수다. 이 집은 시원하고 칼칼한 굴짬뽕으로 유명한데, 한국에서 굴짬뽕을 처음 선보인 식당으로도 꼽힌다. 신선한 배추, 부추, 죽순, 청경채가 가득 들어 있는 굴짬뽕은 사계절 인기 메뉴다. 동구배추, 고기튀김, 중국식 매운탕, 배추 두부탕 등 이색 요리도 맛볼 수 있다.

📍 중구 을지로 124 ☎ 02-2266-3814 🕐 월~금 11:30~21:30 토~일 11:30~20:00
메뉴 굴짬뽕 9,500, 매운삼선짬뽕 9,000, 잡탕밥 13,000 Ⓟ N

26 진주회관 쫀득하고 고소한 콩국수의 맛

Since 1962. 냉면과 함께 여름 대표 면 주자로 꼽히는 콩국수. 60년 가까이 되어 가는 서소문 진주회관은 미식가들 사이에서 콩국수 3대 맛집 중 하나로 꼽힌다. 강원 일대에서 생산되는 토종 황태 콩 만을 계약 재배해 만든 진한 콩물은 걸쭉하고 고소하다. 콩국물과 탄력 있는 면의 조화만으로 맛의 궁극을 보여주는, 고명 하나 없는 간단한 콩국수다. 한 그릇에 12,000원이라는 가격에도 불구하고 엄지를 들게 만드는 맛. 3월부터 11월까지만 콩국수를 먹을 수 있다. 섞어찌개, 항정살 등도 메뉴에 있으니 궁금하면 도전해 보길.

📍 중구 세종대로11길 26 ☎ 02-753-5388 🕐 월~토 11:00~21:00
메뉴 콩국수 12,000, 섞어찌개 9,000 Ⓟ N

27 형제추어탕 서울식 추어탕 드세요.

Since 1926. 요즘 보기 힘든 서울식 추탕을 선보이는 식당으로, 미꾸라지를 갈지 않고 통째로 넣어 깔끔하게 끓인다. 맑은 국물에 된장 대신 고추장을 풀고 버섯, 두부, 계란 등을 추가해 얼큰하게 끓여낸다. 속이 뜨거워지고, 콧잔등이 시큰한 시원한 맛으로 사계절 찾는다. 김치, 깍두기, 오이무침 등 곁들이는 반찬도 간이 과하지 않아 잘 어울린다. 손님 취향을 고려해 미꾸라지를 갈아 만든, 남원식 추어탕도 함께 제공한다.

📍 종로구 평창문화로 28-7 녹원가든 ☎ 02-919-4455 🕐 매일 09:30~21:00
메뉴 추탕 12,000, 추어탕 11,000 Ⓟ Y

28 희락갈치 남대문 냄비파 갈치의 전설

갈치조림에도 장인이 있다면 남대문 갈치골목의 희락갈치를 빼놓기가 힘들다. 50년 가까이 남대문 갈치골목을 지킨 터줏대감으로 20대 중반부터 일을 시작한 노경순 대표는 높은 원가에도 불구하고 국내산 갈치만을 고집한다. 맵고 칼칼하며 노란 양은냄비에 담겨져 있는 칼칼한 갈치조림이 9,000원. 뜨끈한 밥에 포슬포슬한 갈치 살을 올리고, 양념이 밴 무 한 토막 더하면 밥 한 공기쯤은 '순삭'이다. 두 명 이상이라면 조림 외 모둠 생선구이도 추가해 함께 즐기자.

📍 중구 남대문시장길 22-6 ☎ 02-755-3449 🕐 월~토 07:00~21:00
메뉴 갈치조림 9,000, 고등어조림 9,000 Ⓟ N

For Meat Lover

고기 맛이 고기서 고기라고요? 천만의 말씀입니다. 고기 맛을 제대로, 가장 맛있게 내리려고 노력하면 맛이 달라집니다. 그것이 실력입니다.

29 금돼지식당 이베리코 저리가! BTS 맛집

약수역 부근, 3층 규모의 건물에 흰색 타일과 황금색 간판이 어우러져 레트로 감성을 자아내는 트렌디한 삼겹살집이 있다. BTS, 정용진 맛집으로도 알려진 '금돼지식당'의 인기 비결은 프리미엄 돼지 품종인 '듀록' 외 특수 품종의 고기만 쓰는 것. 박수경 대표는 "양도 적고, 값도 비싸지만 근섬유가 가늘어 식감이 좋고 지방 풍미가 뛰어나다."라고 설명한다. 서버들이 다 구워주니 편안하게 맛에만 집중할 수 있으며, 이집의 통돼지 김치찌개도 별미다. 미쉐린 빕구르망에 선정됐다.

📍 중구 다산로 149 ☎ 0507-1307-8750 🕐 월~금 12:00~01:00 토~일 12:00~24:00 메뉴 본삼겹 16,000 등목살 17,000 껍데기 12,000
🌐 blog.naver.com/goldpig1982 Ⓟ N

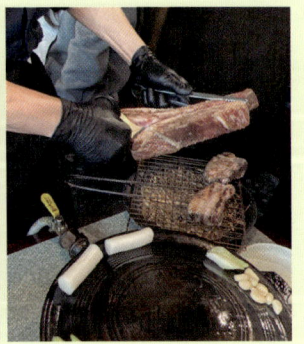

30 몽탄 짚불맛 대박 갈비집

대기 시간 4시간이라는 전설을 자랑하는 삼각지 부근의 '몽탄'. 개그맨 이영자가 한 프로그램에서 소개하면서 더 유명해졌다. 대표 메뉴는 전라도 무안군 몽탄면 스타일의, 짚불로 초벌구이를 마친 우대 갈비와 삼겹살이다. 무안 양파로 담근 김치와, 시원한 아이스무생채 등의 반찬과 청어알 소스 및 상차림이 깔끔하고 센스 있다. 100년 역사의 건축물을 리모델링한 가게는 일본과 근대 건축 양식이 더해져 상하이나 도쿄의 어느 식당 같은 분위기를 연상시킨다. 오래된 건물 안에 센스 만점 고깃집 신흥 강자가 등장했다. 양파 볶음밥도 놓치지 말도록.

📍 용산구 백범로99길 50 ☎ 0507-1418-8592 🕐 매일 12:00~21:00 메뉴 우대갈비 25,000 짚불 삼겹살 15,000 Ⓟ N

31 보름쇠 제주산 흑우의 풍미 자신

제주에 흑돼지만 있다고 알고 있다면 큰 오산이다. 제주 특산품인 프리미엄 흑우를 취급하는 전문 식당 '보름쇠'는 제주 직영 농장에서 천연사료로 키운 소를 취급한다. 약 30~50일의 숙성을 거친 소고기는 육질이 부드럽고 일반 소고기보다 콜레스테롤 수치가 38%나 낮아 건강에도 좋다. 등심, 안심, 안창살, 살치살, 생육회, 양지머리까지 메뉴도 다양하고 반찬 내오는 솜씨가 좋다. 미쉐린 원스타 레스토랑이다.

📍 강남구 테헤란로81길 36 ☎ 0507-1404-9967 🕐 매일 11:30~15:00 / 17:00~22:00 메뉴 특수부위 55,000 특등심 55,000 새우살 77,000 Ⓟ Y

32 본앤브레드 코스로 즐기는 최상급 한우 요리

'본앤브레드'는 최상급 한우 오마카세를 선보이는 고급 레스토랑이다. 마장동에서 태어나고 자란 정상원 대표는 어릴 때부터 우시장을 드나들며 쌓인 노하우를 프리미엄 한우, 그리고 오마카세(맡김요리)란 키워드로 풀었다. 오래된 시장 골목에서 화려한 모습으로 등장한 '본앤브레드'는 총 4개 층으로 구성돼 있고 캐주얼 다이닝 공간과 오마카세 형태의 독립된 공간으로 나뉜다. 가격이 상당하지만, 다채로운 고기 요리를 맛본 이들을 통한 입소문으로 3개월 전 예약이 기본이 되었다.

📍 성동구 마장로42길 1 📞 02-2294-5005 🕐 화수 18:00~22:00 목토 12:00~15:00 / 18:00~22:00 메뉴 한우맡김차림 350,000, 프라이빗 다이닝 250,000
🏠 bandb.co.kr @bornandbredkorea Y

33 봉피양 청담점 냉면과 갈비의 찰떡궁합

서울식 갈비집, '벽제갈비'의 세컨드 브랜드인 '봉피양'은 냉면으로 알려졌지만, 냉면 외에도 설렁탕, 돼지갈비, 소갈비, 양곰탕, 만두 등 한국인의 소울푸드를 즐길 수 있는 한식당이다. 60년 경력의 김태원 장인의 손맛이 녹아있는 냉면에는 메밀 함량 80%의 평양냉면과 100%의 순면이 있다. 슴슴하지만 육향, 메밀향, 육수향이 어우러지는 맛을 알게되면 평양냉면에 중독된다. 돼지갈비와 평양냉면은 천상의 궁합이다. 방이동이 본점이지만 서울 각지에 직영점을 운영한다.

📍 강남구 삼성로147길 36 📞 02-548-9291 🕐 매일 11:30~21:30
메뉴 평양냉면 13,000 돼지갈비 27,000 벽제설렁탕 15,000 한우양곰탕 17,000
🏠 www.bjgalbi.com N

34 삼원가든 강남 대표 고급 한정식당의 승부수

삼원가든은 1976년 오픈 후, 40년 가까이 강남을 대표하는 고급 한식당으로 명성을 유지해 왔다. 갈비, 불고기, 보쌈, 한정식 등 한국색을 강조한 메뉴와 무려 1,200여 명의 손님을 맞을 수 있는 대형 시설 덕분에 90년 대 중후반까지 행사 장소로도 자주 활용됐다고. 부지에 물레방아, 초가집, 연못, 민속 그네, 폭포 등 독특한 내부 조경을 갖춰 외국인 손님의 반응도 폭발적이다. 2021년 3월 이후 대규모 리뉴얼을 거쳐 하반기에 새롭게 오픈한다.

📍 강남구 신사동 623-5 📞 02-548-3030 🕐 매일 12:00~22:00 메뉴 양념갈비 46,000, 한우 생갈비 85,000 🏠 samwongarden.com Y

35 옛맛서울불고기 명성 자자한 서울식 불고기

서울식 불고기는 달짝지근한 국물에 부드러운 고기, 버섯, 양파 등 각종 채소와 당면을 푸짐하게 올리고 비벼 먹는다. 서울식 불고기의 정석인 '옛맛서울불고기'는 원래는 광흥창역 부근에 있다가, 최근 마포구 상수역 쪽으로 확장 이전했다. 불고기, 생등심 외에도 점심에는 식사 메뉴로 설렁탕, 뭇국 등도 있다. 미리 재워두지 않고 주문 즉시 양념해서 내오는 불고기는 간이 세지 않아 어린아이들도 좋아한다. 정갈한 반찬들과, 신선한 쌈채소는 얼마든지 가져다 먹을 수 있다.

📍 마포구 독막로 56 📞 0507-1315-9371 🕐 매일 11:30~14:00 / 16:30~21:00
메뉴 갈비탕 9,000, 서울식 불고기 17,000 🏠 oldbulgogi.modoo.at N

Unique Japanese Chinese Dining

서울 하늘 아래, 셀 수 없이 많고 많은 중식, 일식당이 있습니다. 이 중에서도 특색있는 메뉴를 가지고 있는 개성 만점 식당들만 모아보았습니다.

36 김씨네 심야식당 일본 〈심야식당〉 분위기 만끽

상수동 뒷골목에 위치한 김씨네 심야식당은 일본 만화 〈심야식당〉을 모티브로 간단한 안주 및 술을 제공하는 이자카야다. 장소가 협소해 3명 이상은 출입이 불가능할 정도지만 일본 감성을 물씬 풍기는 분위기와 메뉴 때문에 오후 6시부터 줄이 늘어난다. 이곳의 시그니처 메뉴는 기름 소바라고도 불리는 아부라 소바. 국물 없이 비벼 먹는 방식으로 간장과 참기름 및 각종 소스에 채소와 수란 등이 함께 올라가는데 기대이상이다. 생맥주나 하이볼을 곁들이면 금상첨화다.

📍 마포구 와우산로3길 28 ☎ 02-6339-1366 🕐 월~토 18:00~03:00
메뉴 아부라소바 8,000, 가라아게 18,000, 포크테리야끼 9,000원, 하이볼 7,000
📷 @kims_sangsu Ⓟ N

37 동방미식 진짜 마라! 마라요리의 지존

'동방미식'은 제대로 된 마라 요리를 선보이는 중식당이라 자타공인 하는 집이다. 9호선 언주역 주변, 테이블이 많지 않아서인지 유난히 배달도 많다. 마라 전골, 마라 깐풍기, 마라 탕수육 등 '마'하고 '라'한 다양한 메뉴를 선보인다. 추천메뉴는 '마라샹궈'. 배추, 청경채, 연근 등 각종 채소와 고기, 중국 당면을 마라 소스에 볶아내는 마라샹궈는 식사 용으로도 술안주로도 언제나 합격점이다.

📍 강남구 논현로106길 18 1층 ☎ 02-766-3568 🕐 월~금 11:30~15:00 / 17:00~20:30 토 12:30~16:00 / 17:00~20:30 메뉴 마라샹궈 27,000, 마라깐풍기 21,000, 수자우육 29,000 📷 @dongbangmisik Ⓟ N

38 모노로그 한 편의 드라마가 되는 아름다운 식사시간

논현동과 신사동 가로수길 사이 골목에 위치한 '모노로그'는 단 7개의 좌석이 있는 작은 식당이다. 식사 시간이 되면 장막이 올라가고 음악이 시작되면서 셰프는 배우, 손님은 관객이 되는 흥미로운 체험이 시작된다. 오마카세를 지향하지만 정확히는 가이세키 요리에 더 가깝다. 12시와 7시, 막이 오르면 두 명의 셰프가 제철 재료를 이용한 이색 요리를 춤추듯 선보인다. 샴페인, 술과의 페어링도 상당히 훌륭하다. 점심은 일주일에 3일만 운영한다.

📍 강남구 논현로149길 31 ☎ 02-545-9996 🕐 수금토(점심) 12:00~14:00, 월~토 19:00~00:00 메뉴 오마카세 90,000 저녁 150,000~200,000
📷 @monol0gue_ Ⓟ Y

39 신락원 오래된 중식당의 필살기, 신락면

신락원은 1965년 개업한 역사 있는 중식당이다. 3대째 가게를 운영 중인 왕기명 셰프는 어린 시절부터 주방 일은 물론 배달까지 해가며 손수 일을 배웠고, 호화대반점과 호텔에서 근무한 경력이 있다. 이 집에만 있는 특별 메뉴, '신락면'은 매콤하고 걸쭉한 일종의 볶음 짬뽕, 국물 없는 짬뽕이라 보면된다. 오래된 가게이니만큼 충성스런 단골들이 많다. 후식 고구마 푸딩도 시그니처가 된지 오래다.

📍 동대문구 전농로 20길 2 🕐 02-2244-0008 🕐 화~일 11:30~15:00, 17:00~22:00
메뉴 신락면 9,000 중새우요리 35,000, 유니짜장면 5,000 Ⓟ Y

40 야키토리 묵 야키도리 오마카세 들어는 봤니?

최근 일본식 꼬치요리 전문점들이 많이 생겼다. 그 중 '야키토리 묵'은 오직 닭꼬치에만 집중하는 특별한 오마카세를 선보이면서 인기몰이를 하고 있다. 그것도 청담동이 아닌 연남동에서. 김병묵 오너 셰프는 국내산 토종닭을 수급해 직접 발골하여, 비장탄에 정성껏 구워낸다. 1부는 7시 두시간짜리 식사코스, 2부는 9시 야키도리 코스로 두타임 진행된다. 2020년에는 미쉐린 빕구르망에도 오른만큼 예약은 필수다.

📍 마포구 성미산로 165-1 1층 🕐 0507-1405-2840 🕐 월~토 19:00~
메뉴 오마카세 1부 35,000, 2부 18,000 Ⓘ @yakitorimook Ⓟ N

41 중국가정식 장강중류 사천 말고 '우한'에서 온 매운맛

양쯔강 중류라는 뜻의 '장강증류'는 오준우 오너셰프가 운영하는 우한식 가정요리집이다. 중국에서도 후베이성과 사천성은 매운맛으로 유명한데, 오셰프가 요리에 집중하며 머물렀던 우한은 후베이 지역에 속하며, 사천 지방과는 음식이 다르다고. 현지인들에게 직접 전수 받은 라즈지, 연근 갈비탕, 어향가지 같은 가정식 요리는 생소하면서도 입에 착 붙는 마성의 맛이다. 사실 '토달' 같은 간단한 메뉴에서 내공이 드러나는 법, 오셰프가 추천하는 후베이산 백주들은 음식과 잘 어울린다.

📍 용산구 이태원로 143-28 2층 🕐 010-6727-0329 🕐 화~금 12:00~14:30 / 17:00~21:00 토 15:00~21:30 일 13:00~20:00 (사전 시간 확인 필수)
메뉴 라즈지 22,000, 연근갈비탕 35,000 Ⓘ @janggang_itaewon Ⓟ N

42 파불라 고급스런 사천요리를 코스로 즐긴다

청담동에 위치한, '파불라'는 중식당의 전형적 느낌을 걷어낸 모던하고 고급스러운 분위기의 레스토랑이다. 사천 요리 전문이며 35년 이상 경력의 특급 셰프들과 엄선된 식자재, 그리고 모던한 인테리어, 다양한 메뉴를 내세우고 있다. 하나하나의 요리도 좋지만 코스 요리를 추천한다. 가성비 좋은 점심코스는 6코스 33,000원 부터, 저녁코스는 65,000원 부터다. 실력을 볼 수 있는 시그니처 디너코스는 95,000원이다. 귀한 손님 접대 시 떠올리면 좋을 것 같다.

📍 강남구 도산대로81길 51 루미안빌딩 1층 🕐 02-517-2852 🕐 매일 11:30~15:00 / 17:30~22:00 메뉴 코스 33,000~, 산니백육 40,000, 차나무버섯볶음 57,000, 마라상귀 54,000 🌐 pabulla.co.kr Ⓘ @pabulla_cheongdam Ⓟ Y

Authentic Taste

전 세계 모든 맛이 모이는 곳, 현지인이 운영하거나 현지 맛을 제대로 구현하는 서울의 글로벌 식당들을 방문하면서 여행의 추억을 떠올려보시지요.

43 노스티모 내방역 신상 그리스 식당

'푸디'라면 알만한 이름, 푸드 칼럼니스트 타드샘플이 부인과 직접 운영하는 그리스 식당이다. 그리스계 미국인인 타드가 집에서 먹고 자란 음식을 펼쳐 놓는다. 수제 페타치즈, 양고기 요리 수블라키와 피타, 달달한 바클라바를 그리스 와인과 함께 홀짝이는 순간 그리스로 공간 이동하는 느낌. 양고기와 쌀알을 빚어 포도잎으로 감싼 돌마데스(Dolmades, 16,000원)는 차게 먹어도 좋지만, 계란과 레몬으로 만든 따뜻한 소스와 함께도 잘 어울린다. 요거트 소스는 어떤 요리와도 잘 어울리는 궁합. 애견 동반 가능, 반갑다.

📍 서초구 서초대로 125 2층 201호 ☎ 0507-1338-5375 🕐 월수목금 17:00~21:00 토11:00~15:00 / 17:00~21:00 일 11:00~16:00 메뉴 미트볼 24,000 수블라키 22,000 위크엔드 브런치 스파나코피타키아 18,000 📷 @nostimo_kr Ⓟ Y

44 라 스위스 전통 기와집에 담긴 스위스 풍경

라 스위스는 통의동에 위치한 오래된 스위스 식당이다. 스위스인 셰프 롤란드와 소믈리에인 김영심 부부가 운영한다. 스위스 국기를 비롯해 젖소 모형, 나무 테이블, 붉은 벽돌까지 스위스를 연상시키는 소품이 가득하지만, 지붕만은 한국 기와 형태다. 치즈, 감자, 소고기를 주로 사용하는 스위스 대표요리들을 맛볼 수 있는데 특히 '라 스위스'에서는 베른 지방 농가 감자요리인 뢰스티, 취리히 스타일의 송아지 요리, 치즈 퐁듀 같은 캐주얼한 서민 음식과 와인을 선보인다.

📍 종로구 자하문로6길 11-36 ☎ 0507-1303-4162 🕐 매일 11:30~15:00 / 17:30~22:00 메뉴 브라트부르스트 소시지 뢰스티 18,000, 라클렛 치즈 15,000 🏠 www.gastrotong.com 📷 @gastrotong Ⓟ Y

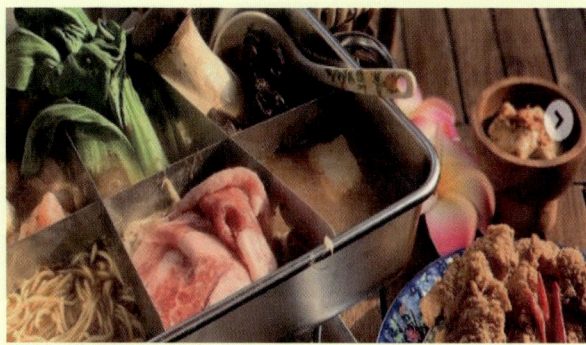

45 라오삐약 망원동 라오스

청춘 여행의 대명사인 라오스가 그립다면 지금 망원동으로 가자. 라오삐약은 녹색 간판과 붉은색 글씨, 튼튼하지 못한 의자, 좁은 내부까지 현지 느낌을 잘 살린 로컬식당이다. 볶은국수와 쌀국수, 찹쌀밥에 고기 및 채소, 고수 등 각종 고명을 얹어 먹는 비빔밥(랍)이 인기 메뉴다. 2017년 오픈한 라오삐약의 두 주인장은 실제 라오스로 휴가를 떠났다가 여행지의 매력에 빠져 직접 요리를 배워 식당을 오픈했다. 열정과 청춘의 낭만, 그리고 맛까지 두루 갖춘 식당이다. 애견 동반 가능.

📍 마포구 희우정로10길 5 ☎ 02-322-7735 🕐 화~일 11:00~15:00 / 17:00~21:00 메뉴 까오삐약 12,000, 도가니 국수 10,000, 볶음국수 9,500 📷 @laopiak Ⓟ N

46 반둥식당 여권 필요 없는 인도네시아 여행

맛집과 데이트 명소가 밀집한 건대에서도 인기 스폿으로 꼽히는 '반둥식당'은 반둥에서 20여 년간 거주했던 주인이 오픈한 인도네시아 전문점이다. 익숙한 나시고랭, 미고랭 등의 인도네시아 음식 외에도 '미리짜(Mie Rica)'라는 에그누들 비빔국수를 주목하자. 반둥 현지의 음식점에서 직접 전수받은 반둥식 요리다. 낮은 천장, 번쩍이는 조명, 라탄 소재 의자와 나무까지 인도네시아에 여행 온듯한 인테리어는 코로나 시대에 숨을 트이게 한다.

📍 광진구 아차산로 200 커먼그라운드 3층 ☎ 0507-1355-1288 🕐 매일 11:00~15:00 / 16:30~22:00 메뉴 미리짜 8,000, 나시고랭 10,000, 미고랭 10,000, 미꾸아비훈 10,000 📷 @bandung.korea Ⓟ Y

47 부에노스아이레스 탱고 공연와 식사를 함께 즐기는 곳

신사동 소재 부에노스아이레스는 아르헨티나 전문 식당이다. 와인 수입사인 멘도자가 운영하고, 아르헨티나 교포가 셰프로 있으니 현지 분위기는 어쩌면 당연하다. 남미 스타일로 두툼하게 구워 낸 스테이크와 바비큐 등이 이곳의 대표 메뉴. 와인과 함께 유쾌한 저녁을 즐길 수 있다. 매일 밤 전문 무용수들의 화끈한 탱고 공연이 이어진다. 평일 저녁 8:30분, 토요일 및 공휴일은 저녁 8시에 공연이 시작된다. 아르헨티나로 여행하는 특별한 밤이 될 것이다.

📍 서초구 강남대로107길 21 대능빌딩 ☎ 02-3444-6634 🕐 월~금 18:00~22:30 / 토 18:00~22:00 메뉴 부에노스아이레스SET 55,000, 모듬바비큐 43,000
🌐 www.buenosaires.co.kr Ⓟ Y

48 사마리칸트 우즈베크 정통 스타일의 양고기

동대문역사공원역 부근에 위치한 사마리칸트는 한국인에게 다소 생소한 우즈베크 요리 전문점이다. 우즈베크 출신 셰프가 직접 메뉴를 선보이며 거리에는 사마리칸트를 비롯한 러시아/우즈베크 식당이 서너 곳 정도 모여 있다. 대표 메뉴인 샤슬릭은 양고기를 먹기 좋게 잘라 양념에 재 놓은 뒤 꼬치에 꽂아 숯불에서 고루 익힌 요리다. 양고기가 익숙하지 않다면 스프와 함께 나오는 양배추 고기 말이도 좋다.

📍 중구 마른내로 159-10 ☎ 02-2277-4261 🕐 매일 11:00~23:00 메뉴 양고기 꼬치 5,000, 양고기 샤브샤브 30,000, 양갈비 바비큐 15,000 Ⓟ N

49 소금집델리 유러피안 샤퀴테리의 대중화

염장, 훈연, 건조, 조리 과정을 통해 보존된 가공육 '샤퀴테리'는 슬로우푸드다. 조리법에 따라 파테와 테린, 소시지와 살라미, 리예트와 콩피, 햄 등으로 구분되는 복잡한 가공육의 세계에 우리가 좀 더 가까워진것은 '소금집델리'의 영향도 있다. 망원동에서 시작해 최근 안국점까지 낸 이 집의 공동대표는 함께 음악을 하던 친구, 미국인 조지 더럼과 장대원이다. 바게트에 이즈니 버터를 듬뿍 바른 프랑스 국민 샌드위치 '잠봉뵈르'와 '루벤 샌드위치'를 추천하고 싶다.

📍 종로구 북촌로4길 19 1층 ☎ 0507-1317-2617 🕐 월~토 11:00~23:00 메뉴 잠봉뵈르 12,000, 잠봉 프로마쥬 12,000, 파스트라미 12,000 Ⓟ N

50 소브레메사 강남역에서 즐기는 리얼 스페인 음식과 문화

서초동 '소브레메사'는 스페인 유명 셰프 후안 로카의 제자인 에드가 케사다 피자로 셰프가 한국인부인과 함께 운영하는 정통 파인 다이닝 레스토랑이다. 셰프가 직접 재배한 채소와 허브를 이용해 재료 본연의 맛을 감각적으로 구현한다. 메뉴는 매일 달라지는데, 이베리코 안심, 하몽부터 제주산 광어, 한우, 푸아그라, 랍스터까지 다양하다. '소브레메사'는 식사를 마친 후, 여유롭게 대화를 나누는 시간을 뜻하는 단어. 먹고 마시는 일에 진심인 스페인 사람들의 문화를 간접 체험해보자.

📍 서초구 서초대로77길 62 ☎ 02-536-0669 🕐 화~일 12:00~15:00 / 18:00~22:30 **메뉴** 평일 런치 48,000 디너 130,000 🏠 www.sobremesaseoul.com
📷 @sobremesa_seoul Ⓟ Y

51 아이뽀유 베트남 대신 신사동 가면 된다?

'아이뽀유'는 베트남 음식에 한국 색채를 더해 고급화한 식당이다. 정식당의 임정식 셰프가 오픈한 곳이니 기대해도 좋다. 높게 뚫린 천장과 벽을 장식한 푸른 나뭇잎까지 이국적인 열대 휴양지 분위기가 가득한 이곳에서 쌀국수 포(pho), 베트남식 커리, 해산물 볶음 국수, 분짜 등을 주문해 보자. 낙지를 추가한 공심채, 태안산 꽃게를 사용한 동남아식 넉맘게장 등 셰프의 킥이 담긴 이색메뉴도 흥미롭다. 가격대는 살짝 높지만, 베트남 여행 대신 간다면? 충분히 방문 가치가 있다.

📍 강남구 도산대로 153 ☎ 02-517-4656 🕐 매일 07:30~23:00 **메뉴** 조개 PHO 19,000, 베트남 커리 25,000, 해산물 쌀국수 25,000 📷 @i_pho_u Ⓟ N

52 예티 네팔 요리 아세요?

상수역 부근의 네팔 음식 전문점이다. 마당발 네팔인, 검비르 대표는 한국에 20년이 넘게 살았다. 고국인 네팔에 대해 더 알리고 싶어 식당을 만들었다고. 네팔 영화와 뮤직비디오가 스크린에 상영되고 있고, 물담배를 물고 있거나, 음식을 가득 올려놓고 파티를 하고 있는 단체들은 영락 없는 홍대 앞 네팔을 재현하고 있다. 탄두리 치킨과 난, 커리처럼 익숙한 요리는 물론 다양한 종류의 음식들에도 도전해 볼 수 있다. '예티'는 히말라야에 있다고 믿는 전설의 설인이다.

📍 마포구 와우산로18길 10 ☎ 0507-1319-0745 🕐 매일 11:00~02:00 **메뉴** 점심 세트 28,000, 저녁 세트 39,000 🏠 cafe.naver.com/yetifood Ⓟ Y

53 츄리츄리 이탈리아 요리 말고 시칠리아 요리

이탈리아 요리와 시칠리아 요리가 같다고 하면 시칠리아인들은 화낸다. 대한민국 유일한 시칠리아 레스토랑 '츄리츄리'는 와인담당 엔리코와 요리담당 피오레 부부가 합심해 이끌고 있다. 쌀과 완두콩, 치즈 등을 동그랗게 뭉친 뒤 빵가루를 묻혀 튀긴 '아란치니'와 만두처럼 생긴 반달모양 피자 '칼조치니', 가지가 들어간 링파스타 '아넬레티', 리코타 치즈가 듬뿍 들어간 디저트 '카놀리'등을 주문해 시칠리아 와인과 함께 즐기자.

📍 마포구 독막로15길 3-13 2층 ☎ 02-749-9996 🕐 매일 12:00~15:00 / 18:00~22:00 **메뉴** 아란치니 스피나치 8,000 라비올리도 파스타 19,000 뇨끼 18,000 Ⓟ N

54 코마드 입 맛에 맞는 북유럽 요리

'코마드'는 어둑한 분위기에 하얀 테이블보가 깔린 고급스러운 분위기의 유러피안 레스토랑이다. 가벼운 단품과 코스 메뉴, 둘다 즐길 수 있으며, 특이하게도 유럽 중에서도 북유럽 지방의 음식을 선보이고 있다. 스칸디나비아반도 지역은 최근 들어 건강한 식재료로 다이닝 시장의 중심으로 떠오르고 있는데, 추운 날씨로 저장 음식과 발효 기법이 발전해 한국과 유사한 면이 많다. 이베리코 프렌치렉, 토마토 잼, 훈제 오리, 도미 등 육해공을 아우르는 다양한 북유럽 요리를 경험해 보도록.

📍 용산구 대사관로31길 20 2층 ☎ 02-6080-1929 🕐 수~토 11:30~15:00 / 월~토 18:00~23:00 메뉴 런치코스 60,000~, 테이스팅디너 130,000 📷 @komad.seoul Ⓟ Y

55 쿤쏨차이 미쉐린 빕구르망에 오른 태국 요리

태국 식당은 많다. 미쉐린 빕구르망에 이름을 올린 '쿤쏨차이'는 아시아 음식 전문점인 '생어거스틴'에서 일하며 오랜 기간 기본기를 다진 김남성 오너 셰프가 2018년, 교대역 근처에 오픈한 태국식당이다. 100번이 넘는 태국 방문으로 현지 맛을 최대한 구현했고, 한국인의 입맛을 고려해 업그레이드한 태국 요리들을 선보이고 있다. 부드럽고 촉촉한 뿌팟퐁커리, 칼칼하고 깔끔한 똠양꿍, 각종 국수 그리고 갈비탕과 비슷한 '소갈비 태국식 국밥'이 특별하다.

📍 서초구 서초대로53길 23 1층 ☎ 02-596-6411 🕐 매일 11:30~15:00 / 17:00~22:00 메뉴 뿌팟퐁커리 15,000, 쏨차이 소고기 국밥 9,000 📷 @kunsomchai Ⓟ Y

56 페트라 오랜 내공의 중동식당

2004년 이태원에 문을 연 페트라는 요르단 출신의 사장 야썰 가나옘이 직접 운영하는 중동/요르단 전문 식당이다. 할랄 의식을 거친 육류와 신선한 재료만을 사용해 허머스, 케밥, 숯불에 구운 고기, 채소, 파스타 등 다양한 메뉴를 선보인다. 허머스는 병아리콩, 타히니, 올리브기름, 레몬, 소금 등을 섞어 으깬 소스로 빵 또는 고기와 곁들이는 중동의 향토음식이다. 식당에는 이국적 분위기의 도자기와 주전자, 그릇, 타일, 카펫 등 소품이 그득해 사진 찍는 재미도 쏠쏠하다.

📍 용산구 녹사평대로40길 33 2층 ☎ 02-790-4433 🕐 매일 11:00~22:00 메뉴 홈머스 8,000~, 팔라펠 12,000 Ⓟ N

57 헴라갓 생소하지만 스웨덴 가정식도 도전!

다양한 국적의 레스토랑과 퓨전 음식을 보유한 서울이지만 어쩐지 스웨덴과는 인연이 깊지 않다. 평소 동남아 요리나 고기와 빵 위주의 서양식 요리에만 익숙하다면 좀 더 과감한 시도를 할 필요가 있다. 회현동 소재 헴라갓에서는 절인 청어, 감자, 호밀빵, 스테이크 등을 맛 볼 수 있다. 청어에 대한 불필요한 오해 때문에 처음에는 거부감이 들지만 실제는 빵이나 차가운 샐러드, 고기에도 나쁘지 않다. 스웨덴식 보드카인 스납스와 함께하면 금상첨화다.

📍 중구 소공로 35 남산 롯데캐슬아이리스 123호 ☎ 02-318-3335 🕐 월~토 11:30~14:00 / 17:30~21:00 메뉴 점심 특선 16,000, 씰라마카 16,000 🏠 www.hemlagatseoul.com Ⓟ Y

DESSERTS

"Dessert is always welcome."
아무리 배가 불러도 디저트는 포기할 수 없는 법. 달콤한 디저트 한 접시는 삶의 행복 지수를 높여준다. 시그니처 메뉴와 흥미진진한 스토리가 있는 서울의 추천 디저트 카페들

Modern Traditional

전통에서 모티브를 얻은 디저트의 변신을 경험하세요.

01 금옥당 일본 양갱 아님 주의

금옥당은 세련된 패키지와 고급스런 맛으로 인기몰이 중인 전통 수제 양갱 전문점이다. 국산 팥을 사용, 가마솥에서 직접 앙금을 만들어 굳히는 이 집 양갱은 맛과 건강이라는 두 마리 토끼를 동시에 잡았다. 크림처럼 부드러운 식감과 혀에 스르르 녹아드는 질 좋은 팥의 매력은 남녀노소 누구나 좋아한다. 예쁜 패키지 덕분에 처음엔 일본 양갱으로 오해도 받곤 했었다. 본점은 연희동이고, 서교, 인사동에 매장이 있으며, 최근 더현대서울에도 입점했다. 당일 생산, 판매가 원칙이다.

📍 서대문구 연희로11라길 2 ☎ 02-322-3378 🕐 화~일 11:00~21:00 **메뉴** 통팥양갱 2,500, 밤 양갱 3,300, 양갱 4구 세트 14,300 🌐 www.guemokdang.com Ⓟ N

02 김씨부인 기품 있는 차 소반상

'기술의 끝은 예술'임을 보여주는 서래마을 카페 김씨부인이 선보이는 아름답고 기품있는 차 소반상은 그야말로 '예술'이다. 아름다운 1인상 '김씨부인 소반'에는 개성주악과 떡, 다식, 정과, 한과 등이 조금씩 올려져 있다. 개성주악은 찹쌀가루와 밀가루를 막걸리 반죽해 튀기고 조청을 입힌 것으로, 감 모양의 고운 모양새로 인기가 많다. 커피, 차, 그리고 전통 음료들과 빙수까지 다양하게 즐길 수 있다. 밤 라떼를 추천한다. 귀한 손님이나 외국인 접대시 꼭 기억해야 할 집이다.

📍 서초구 사평대로26길 26-6 2층 ☎ 02-532-5327 🕐 월~토 11:30~22:00 **메뉴** 김씨부인 소반(디저트) 14,000, 개성주악 3,000, 설기 6,000, 유자차 7,500, 밤라떼 8,000 🌐 www.kimssibooin.com 📷 @kimssibooin_korean_dessert Ⓟ N

03 동빙고 클래식 빙수의 힘!

동빙고는 팥빙수로 유명한 이촌동의 클래식한 맛집이다. 내부 테이블이 고작 7~8개에 불과할 정도로 협소하지만 연중 사람들로 붐비는 '찐' 맛집인 셈. 국산 팥과 연유, 찹쌀떡 등 별다른 비법 없는 기본적인 맛이지만 여름은 물론 한겨울에도 빈자리를 찾기 힘들다. 다른 가게에 비해 단맛이 적고 빙수 종류도 다양하지 않아서 호불호가 갈리지만, 단골들의 방문은 꾸준하다. 시간적 여유가 있다면 동빙고 방문 전후로 근처에 위치한 국립중앙박물관을 함께 둘러보자.

📍 용산구 이촌로 319 현대아파트 ☎ 02-794-7171 🕐 매일 10:30~23:00 **메뉴** 단팥죽 7,000, 팥빙수 7,000, 딸기빙수 7,500, 수정과 5,500 Ⓟ Y

- 가나다 순
- COVID 19로 인한 영업시간 및 운영 내용은 변동가능함

04 병과점 임오반 젊은 요리사의 모던 병과점

한식을 전공한 젊은 요리사 임오현의 전통 병과점이다. 성북동 인근 대학생들과 외국인이 주고객인 임오반의 떡과 한과에는 현대적인 맛과 디자인이 흐른다. 예를 들면 약과에는 소금과 후추를 굵게 빻아 넣었는데 임대표는 '솔티드캬라멜'에서 영감을 얻었다 한다. 소금과 후추가 터지면서 달고 짜고 매콤한 맛이 난다. '임오반새참'은 한국식 브런치. 증편과 버섯, 대추조림, 제철과일을 곁들여 식사보다는 가볍고 주전부리보다는 무거운 그만의 시그니쳐를 완성했다. 옥천의 가족 텃밭에서 온 재료들의 변주가 도예작가의 접시에 귀하게 올려진다.

📍 성북구 동소문로 17길 27 102호 ☎ 0507-1303-2785 🕐 수~일 14:00~20:00
메뉴 임오반새참 11,000, 약과 2,000, 호두강정 4,000, 오미자국 5,500
📷 @yimoh_van 🅿 N

05 태극당 서울에서 가장 오래된 빵집

서울 장춘동 소재, 태극당은 무려 74년의 역사를 간직한 서울에서 가장 오래된 빵집이다. 수많은 미디어와 언론에 등장한 태극당은 그 시절 추억을 기억하려는 사람들에게 일종의 휴식처이자 문화유산이다. 태극당의 변함없는 스테디셀러는 1960년부터 판매된 '모나카' 빵. 장인이 수작업으로 구운 바싹하고 쫄깃쫄깃한 모나카 피 안에, 우유 아이스크림이 한가득 들어있어 먹는 즉시 탄성을 뱉는다. 버터케이크, 월병, 야채사라다, 생크림 빵, 흰 몽블랑도 여전한 인기다.

📍 중구 동호로24길 7 ☎ 02-2279-3152 🕐 매일 08:00~21:00(명절 당일 휴무)
메뉴 모나카 2,500, 단팥빵 2,300, 야채사라다 6,000, 슈크림빵 2,300
🏠 www.taegeukdang.com 📷 @taegeukdang 🅿 Y

Hip & Hot

달콤한 디저트는 사람들의 발길을 단숨에 끕니다.
순식간에 핫플레이스가 되어 버리는 디저트 핫플들!

06 마예(MAILLET) 프랑스 디저트의 지존

화사한 분위기와 화려하고 다양한 프렌치 디저트들이 눈과 혀를 즐겁게 해 주는 서래마을의 대표적인 디저트 카페. 많은 종류의 케이크와 구움과자, 패스트리는 보기만 해도 즐겁다. 수요미식회에 소개되었던 부드럽고 달달한 브리타뉴 지방 대표 패스트리 쿠냐만(퀸아망)과 마카롱, 피낭시에, 밀푀유, 딱뜨바니, 크라상, 뺑오쇼콜라 등을 음료와 함께 즐길 수 있다. 프랑스와 정통 프렌치 디저트를 사랑하는 사람이라면 꼭 방문해야 할 곳이다.

📍 서초구 사평대로22길 14 ☎ 02-749-1411 🕐 매일 11:30~22:00 메뉴 딱뜨따땅 8,500, 딱뜨바니 9,000, 마카롱 2,700 📷 @maillet_patisseriefrancaise 🅿 Y

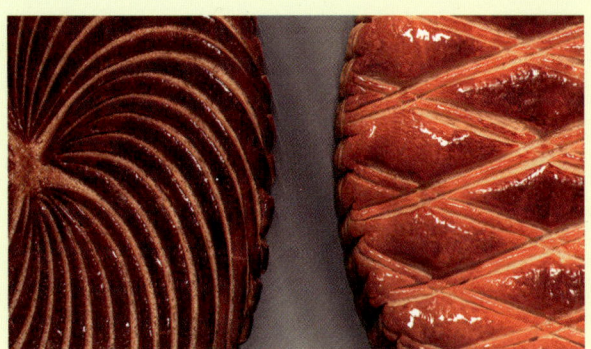  

07 메종엠오 방배동 마들렌 명가

프랑스 식 마들렌, 피낭시에를 제대로 구현했다는 평가를 듣는 디저트 카페다. 버터, 달걀, 우유를 넣고 레몬 향을 살짝 첨가한 마들렌은 커피는 물론 다양한 차와도 잘 어울려 어디서나 제 몫을 해낸다. 메종엠오는 마들렌은 물론 조각 케이크와 컵 디저트, 휘낭시에로 대표되는 '구움과자' 맛집이며 매장에서 50여 가지가 넘는 다채로운 디저트를 선보인다. 특히 이곳의 과자들은 구매 후 2~3일이 지나도, 오븐이나 전자레인지에 살짝 돌려만 주면, 처음과 같은 촉촉한 맛으로 되돌아온다. 일주일에 4일만 영업하니 참고할 것.

📍 서초구 방배로26길 22 1층 ⏰ 0507-1387-3341 📅 목~일 11:30~20:00
메뉴 마들렌 3,100 크로와상 3,200, 초코파이 8,300, 포카치아 22,000
🏠 www.maisonmo.com 📷 @maison_m.o Ⓟ N

08 심세정 오래된 양곡 창고의 화려한 변신

'마음을 씻는 정자'라는 뜻의 베이커리 카페다. 1959년에 세워져 양곡 창고로 쓰였던 건물이 세차장, 음식점을 거쳐 신당동 대표 힙한 베이커리 카페로 거듭났다. 호주 대표 빵 레밍턴부터 프렌치 캄파뉴와 프레즐, 독일의 발효빵까지, 다양한 종류의 베이커리들이 구비되어 있다. 허름한 창고 스타일을 간직한 개방형 천장과 옥상 테라스 등 독특한 실내 인테리어 때문에 공간 대여 문의도 꾸준하다.

📍 중구 퇴계로 409-11 ⏰ 0507-1444-7579 📅 매일 09:00~20:00 **메뉴** 크루아상 2,800, 뺑오쇼콜라 3,800, 바게트 3,800, 치아바타 3,500 🏠 simsejung.visitus.co.kr
📷 @cafe.simsejeong Ⓟ N

09 아우어 베이커리 도산본점 서울 빵지순례는 여기부터

단순한 빵집을 넘어 공간이라는 관점에서 흥미로운 곳. 아우어베이커리는 도산점에서 시작해 빠른 시일내에 서울 각지와 광주, 세종, 목포 그리고 상해, 베이징까지 진출한 중견 요식업 그룹이 되었다. 강남 주민들, 트렌디한 젊은 층의 마음을 사로잡은 것은 바삭하고 부드러운 페이스트리 위 초콜릿과 카카오 가루가 범벅이 된 '더티 초코' 그리고 '아우어' 간판이나 '아우어'가 새겨진 머그잔과 함께 사진을 찍는 것이 쿨하게 느껴지도록 디자인한 이 집만의 스타일이다. 앙버터 케이크, 아우어 인절미, 메밀 식빵 등 톡톡 튀는 아이디어로 재미있는 빵들이 가득하다.

📍 강남구 도산대로45길 10-11 JYC2빌딩 ⏰ 02-545-5556 📅 평일 09:00~21:00 주말 10:00~21:00 **메뉴** 더티초코 4,700, 앙버터케이크 5,800, 레몬케이크 6,000, 아우어 큐브 5,800 🏠 cnpcompany.kr 📷 @ourbakerycafe Ⓟ Y

10 카페 노티드 청담본점 셀럽이 사랑한 도넛

인플루언서들이 사랑하는 도넛으로 유명해진 카페 노티드. 여느 맛집과 마찬가지로 당일 생산, 당일 폐기를 고집하며 도넛, 케이크, 파이 등을 판매한다. 우유 생크림 도넛, 클래식 바닐라 도넛 등이 대표 메뉴로 매장 취식보다 포장이 많은 이색 가게이기도 하다. 대형 베이커리에 비해 메뉴 가짓수는 적지만, 거의 매일 도넛을 구매하려는 손님들로 가게 앞 인산인해를 이룬다. 한 입 베어 물었을 때, 입안에 꽉 차는 부드러운 크림과 촉촉한 빵의 조화가 합격점이다. 서울 곳곳에 분점이 있고 청담이 본점이다.

📍 강남구 도산대로53길 15 ⏰ 0507-1426-9399 📅 매일 09:00~21:00 **메뉴** 우유 생크림 도넛 3,500 클래식 바닐라 도넛 3,500 얼그레이 도넛 3,000
📷 @cafeknotted Ⓟ Y

Ricecakes

떡이 젊어졌습니다. 전통적인 곳부터 새롭게 떠오른 신강자까지, 신구 떡집들을 모아보았어요.

11 경기떡집 이티떡을 아시나요?

3대째 대를 이어 명장이 운영하는 떡집으로 일명 〈서울 3대 떡집〉중 한곳으로 꼽힌다. 1958년 종로 흥인제분소를 시작으로 당일 생산, 당일 판매를 고집하며 일체의 화학첨가물 대신 최상급의 쌀과 부재료만을 사용한다. 이 집의 대표 메뉴는 수제 이티떡. 추석에 먹는 송편의 겉과 속이 바뀐 모양새로 일부에서는 이북식 인절미와 유사하다고 말한다. 쫄깃한 식감과 담백한 맛으로 순식간에 서너 개가 사라진다. 이티떡과 함께 최고급 수수를 사용, 부드러운 맛을 내는 카스텔라 수수경단도 인기다.

📍 마포구 동교로9길 24 📞 02-333-8880 🕘 월~토 09:00~18:00
메뉴 이티떡 2,000, 완두시루 2,000, 설기류 2,000
🏠 www.kricecake.com 📷 @maison_m.o Ⓟ N

12 구름떡집 믿고 먹는 흑임자 인절미

흑임자 인절미와 구름떡, 오직 두 가지 메뉴로만 승부하는 방배동 맛집이다. 1997년 오픈 뒤, 당일 제조와 판매를 원칙으로 가장 신선한 떡을 고객에게 제공한다는 약속을 지키고 있다. 쫀득하고 탄탄한 인절미와 고소하게 혀끝에 맴도는 흑임자의 조화가 기대 이상이다. 구름떡은 찹쌀가루에 밤, 대추, 등을 넣어 쪄 낸 뒤, 붉은 팥이나 검은깨 가루를 묻혀서 네모난 틀에 넣어 굳힌 것으로, 단면 모양이 구름과 닮아서 이름이 붙여졌다. 구름떡집은 직영점이나 체인을 운영하지 않고 본점 하나만 집중한다는 것에 더 신뢰가 간다.

📍 서초구 방배로33길 21 📞 02-533-1530 🕘 08:00~22:00 메뉴 흑임자 인절미 8,000 선물상자 30,000~ 🏠 gureumtteok.com Ⓟ N

13 원조 낙원떡집 수라간 궁녀의 손맛

낙원동 떡 골목의 터줏대감으로, 궁중에서 내려온 비법을 고수한 100년 역사의 떡집이다. 창업주는 1900년대 초반, 한일강제병합으로 궁에서 쫓겨난 수라간 궁녀들에게 떡을 배웠다고 한다. 이후 몇 번의 가게 이전을 거쳐 종로 부근 낙원동에 자리를 잡았다. 대표 메뉴는 쑥 인절미, 두텁떡, 무지개떡, 찰떡 등이다. 작은 가게이지만, 신선하고 풋풋한 쑥 향이 물씬 풍기는 쑥 인절미는 이곳을 따라갈 가게가 많지 않다.

📍 종로구 삼일대로 444-1 📞 02-732-5579 🕘 매일 08:00~22:00 메뉴 쑥 인절미 1,000, 두텁떡 3,000 Ⓟ N

14 조복남떡집 퓨전 한식 디저트의 시작

신개념 젊은 떡집의 대표 주자로 주문 즉시, 즉석에서 만드는 인절미로 유명하다. 2018년 연남동에서 시작해, 최근 사당동으로 이전했다. 조복남은 창업자의 돌아가신 할머니 성함이다. 따뜻했던 할머니의 정성을 맛에 고스란히 담아낸다고. 그해 추수한 햅쌀만을 사용하며 카스텔라 인절미, 초코 맛 인절미 등 경계를 두지 않는 과감한 시도로 유명하다. 인절미 특유의 식감 및 커피와 함께해도 좋은 담백한 맛이 특징이다. 앙꼬가 밖으로 나와있는 포대기떡이 시그니처다.

📍 동작구 사당로17다길 9, 1층 ☎ 02-6368-4625 🕐 화~금 10:00~18:00
메뉴 포대기떡 6P 5,000, 흑임자 인절미 150g 4,000, 명장 미숫가루 5,000
📷 @johboknam Ⓟ N

Artisan Bakers

빵 덕후라면 주목. 서울에는 오랜 전통과 맛을 자랑하는 장인의 빵집이 즐비합니다. 좋은 재료와 정성만이 유일한 비법이자 무기인 클래식한 명인들의 빵을 모았습니다.

15 김용안과자점 고수의 내공이 느껴지는 맛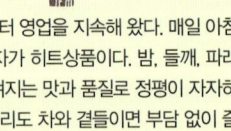

삼각지 역에 자리한 전문 과자점으로 1967년부터 영업을 지속해 왔다. 매일 아침 손수 구워 내는 일본식 센베이와 한국식 생과자가 히트상품이다. 밤, 들깨, 파래 등 다양한 종류의 센베이는 고수의 내공이 느껴지는 맛과 품질로 정평이 자자하다. 들깨가 통으로 박힌 들깨 과자와 새콤한 젤리도 차와 곁들이면 부담 없이 즐길 수 있다. 과하지 않은 단맛과 고소함 그리고 언제 먹어도 변함없는 바삭함은 다른 집에서는 찾기 힘들다.

📍 용산구 한강대로 155 ☎ 02-796-6345 🕐 매일 10:00~21:00 **메뉴** 센베이 1근 8,000~9,000

16 나폴레옹과자점 본점 전통 있는 제과 사관학교

1968년 서울 성북구에서 개업하여 2대째 가업을 이어오고 있는 제과점으로 50년이 넘는 세월 동안 당일 반죽, 당일 생산이라는 원칙을 고수해 왔다. 서울 각지에 직영점이 있지만 본점 2층은 카페로도 운영되고 브런치 메뉴까지 즐길 수 있는 베이커리 카페다. 앙금을 만들기 위해 재료를 씻고, 불리고, 삶고, 졸이는 작업에 상당한 시간과 공을 들이는 것으로 알려져 있다.

📍 성북구 성북로 7 📞 02-742-7421 🕐 매일 08:30 – 21:00 **메뉴** 사라다 빵 5,000
🌐 napoleonbakery.co.kr Y

17 동부고려제과 50년 전통의 동네 빵집

중랑구 망우동에 오랜 역사와 전통을 자랑하는 제과 전문점이다. 1974년부터 자리를 지키며 추억의 맛을 재현하고 있다. 맘모스 빵, 롤케이크, 머랭 쿠키, 고로케, 크림치즈 빵, 쌀 빵, 밤식빵 등 대형 체인점보다 훨씬 다양한 종류와 가짓수를 자랑한다. 그중에서도 부드러운 크림이 잔뜩 들어간 촉촉한 크림치즈 빵과 속을 꽉 채운 고로케는 하루 중 제일 먼저 소진되는 상품이다. 주인장의 친절한 설명과 리모델링으로 깨끗하게 단장한 제과점 내부도 만족스럽다.

📍 중랑구 망우로 388 📞 02-433-1783 🕐 매일 06:30 – 00:30 **메뉴** 슈크림빵 1,000, 꽈배기 1,000, 왕고로케 2,500 N

18 함스브로트과자점 대한민국 명장의 집

쌍문동 맛집이자 대한민국 8대 제과명장인 함상훈 명장이 직접 운영하는 제과점이다. 고구마 카스텔라, 블루베리 빵, 고구마 식빵, 호두 타르트, 호두 양파 베이글까지 거의 모든 종류의 빵들을 직접 만들어 판매한다. 매일 아침 6시부터 불이 켜지는 함스브로트는 일체의 화학 첨가물을 사용하지 않고 100% 흰 우유만을 사용한 동물성 크림으로만 빵을 만들어 맛은 물론 건강까지 책임진다. 참고로 함상훈 명장은 생크림 꽃이 잔뜩 올라간 버터크림 케이크에서 타의 추종을 불허한다.

📍 도봉구 도봉로 483 📞 02-996-4488 🕐 매일 06:00~24:00
메뉴 고구마 카스테라 4,000, 블루베리빵 2,000, 고구마식빵 3,000, 호두타르트 1,200 N

19 효자베이커리 청와대가 인정한 명품 베이커리

서촌에 자리한 빵집으로 SBS 〈생활의 달인〉, 〈백종원의 3대 천왕〉 등 유명 프로그램에 잇달아 등장한 맛집이다. 옥수수와 양파가 잔뜩 들어있는 콘 브레드, 어니언 치즈 소보로, 옛날 옥수수빵, 밤 만주, 아몬드 쿠키, 도넛 등이 대표 메뉴. 특히 이곳은 청와대에 26년간 케이크를 납품했던 베이커리로 유명하다. 베이커리에 들러 빵을 구매하고, 주변 통인시장과 대림미술관, 경복궁까지 둘러보면 하루를 알차게 마무리할 수 있다.

📍 종로구 필운대로 54 📞 02-736-7629 🕐 화~일 08:00~21:30 **메뉴** 콘 브레드 5,000, 어니언 크림 치즈 소보로 4,500, 발효무화과빵 5,000 N

CAFES

바쁜 일상 속, 잠시 멈춤이 필요할때 우리는 카페를 찾는다.
카페는 도시인의 오아시스다.

History

레트로 스타일이 아니라 진짜 오래된 카페!
저마다 작은 역사와 소소한 이야기가 살아있는
우리 곁의 오랜 휴식처입니다.

01 독수리 다방 신촌 낭만 발신지

1971년 연세대학교 앞에 오픈해 지금껏 자리를 지키는 독다방. 90년대 초반까지 청춘 남녀의 데이트 장소 겸 연락방으로 인기를 끌었다. 시즌마다 크고 작은 음악회가 열리고, 때로는 토론회나 세미나를 개최하는 등 문화살롱 역할을 담당했다고. 2000년대 중반, 리모델링을 진행하면서 독수리빌딩 2층에 있던 매장을 8층으로 옮기고, 실내 디자인도 현대적으로 바꿨다. 현재는 신촌이 내려다보이는 전망과 스터디 공간 등을 앞세워 젊은 학생들이 즐겨 찾는 명소로 탈바꿈했다.

📍서대문구 연세로 36 독수리빌딩 8층 ☎02-363-1222 🕐월~금 11:00~24:00 토일 23:30 **메뉴** 에스프레소 6,200, 카푸치노 6,500, 홍차 7,000, 에이드 7,500 Ⓟ Y

02 보헤미안커피하우스 강릉이 아니라 여기가 시작입니다

국내 1세대 바리스타라 불리는 박이추 대표가 지난 1990년 문을 열어 제자에게 물려준 유서 깊은 카페다. 일본 고전 스타일의 핸드 드립 방식으로 개성 강한 커피를 만든다. 찬물로 추출하여 1~2일 정도 냉장 숙성한 더치커피와 쓴맛이 덜한 보헤미안 커피가 대표 메뉴. 카페 입구나 내부는 그리 세련되지 않았지만, 고유한 맛과 추억을 찾는 손님들은 꾸준한 편이다.

📍성북구 개운사길 22-3 ☎02-927-7949 🕐월~금 12:00~ **메뉴** 블렌드커피 7,000 Ⓟ N

03 지대방 인사동 터줏대감

1982년 문을 연 인사동에서 가장 오래된 전통찻집이다. 2층에 위치한 덕분에 창가 좌석에 앉으면 인사동 거리가 한눈에 담긴다. 지대방은, 사찰에서 승려들이 휴식을 취하거나 한담을 나누는 방을 뜻한다고. 이름 그대로 찻집에서 편안하게 머물라는 주인장의 살뜰한 배려가 담겼다. 대나무로 만든 메뉴판과 벽을 가득 채운 낙서에서 오랜 세월이 그대로 느껴진다. 지대방 차들은 주인이 직접 재배하거나 오랜 단골에서 구입한 찻잎만을 사용해, 향이 좋고 깔끔하면서도 구수하다.

📍종로구 인사동길 33 ☎02-738-5379 🕐매일 10:30~24:00 **메뉴** 매화차 6,500, 생강나무꽃차 6,500, 봄쑥차 7,000 Ⓟ N

- 가나다 순
- COVID 19로 인한 영업시간 및 운영 내용은 변동가능함

04 터방내 흑석동 사이폰 커피를 아시나요?

흑석동 중심부에 위치한 음악 카페로 레트로 감성을 선호하는 이들에게 안성맞춤이다. 1983년부터 지금까지 다양한 사람들이 오가며 청춘과 사랑을 만끽했다. 천장과 벽면을 가득 채운 대학생들의 낙서와 전체적으로 갈색과 붉은 벽돌을 사용한 실내는 클래식한 매력을 더한다. 터방내 히트작은 사이폰 커피. 사이폰은 1840년 영국에서 발전한 진공식 커피 기구로 언뜻 보면 과학 실험기구와 비슷하다. 커피 본래의 향이 그대로 우러나는 장점 때문에 마니아들 사이에서 평가가 후하다.

📍 동작구 흑석로 101-7 ☎ 02-813-4434 🕐 매일 11:00~24:00
메뉴 커피 4,500   🏠 caucafe.modoo.at Ⓟ N

05 학림다방 국내 역사와 대중문화의 산실

학림다방은 단순히 오래된 다방이 아니라, 우리 역사의 산증인과도 같은 유일무이한 존재다. 4.19 학생 혁명과 5.16은 물론 80년 대 민주화 운동을 주도했던 대학생들의 은신처로 활약해 왔다. 90년 대 이후에는 연극, 영화, 음악, 미술, 문학 등 예술계 인사들의 사랑방으로 대중문화의 산실로 거듭났다. 지금도 학림다방은 과거의 영광에 머물지 않고 모든 세대와 소통하는 문화 창구로 또 다른 역사를 기록하는 중이다.

📍 종로구 대학로 119 2층 ☎ 02-742-2877 🕐 월~금 11:00~21:00 / 토일 ~20:00
메뉴 아메리카노 5,000, 에스프레소 더블 5,000, 로얄 블렌드 8,000
🏠 hakrim.pe.kr Ⓟ N

Inspiration

영감을 받는 장소로 많은 이들이 카페를 꼽는 이유는 뭘까요? 카페에는 커피만 있는 것이 아니라 문화와 크리에이티브가 있습니다. 그래서 '카페 컬쳐'라는 말이 있는거겠지요.

06 mtl 한국에서 떠나는 베를린 여행

베를린 출신의 보난자(Bonanza) 커피를 제공하는 복합문화공간이다. 카페는 물론 베이커리와 엄선된 브랜드만 입점한 라이프스타일 셀렉숍까지, 젊은 층 사이에서 한남동 핫 스폿으로 자리매김했다. 보난자는 2006년 독일 베를린에서 설립된 스페셜 티 커피로 생두 본연의 맛을 강조하고, 풍부한 맛을 이유로 로스팅을 최소화한다. '유럽 5대 카페', '죽기 전에 꼭 가봐야 할 세계 25대 카페' 등으로 선정됐으며, 아시아에서는 2016년 오픈한 서울이 유일한 지점이다.

📍 용산구 이태원로49길 24 ☎ 070-4113-3113 🕐 매일 10:00~22:00
메뉴 아메리카노 5,500, 클래식 당근 케이크 6,500, 라즈베리 스콘 4,800
🏠 www.mtl.co.kr 📷 @mtl_cafebakery Ⓟ Y

07 대림창고 성수동 크리에이티브의 시발점

대림창고는 낡은 물류창고를 개조한 1세대 창고형 카페다. 위로 뚫린 천장과 상대적으로 넓은 공간을 활용해 다양한 갤러리와 전시회, DJ 이벤트, 브랜드 론칭 행사가 열린다. 수년 전, 성수동 거리와 서울 숲, 골목 등이 인기를 끌면서 주말이면 몇 시간씩 기다릴 정도로 핫 한 명소가 됐다. 단, 공간에 비해 음식 맛은 평범하다. 다이닝 보다 커피와 가벼운 브런치를 추천한다.

📍 성동구 성수이로 78 ☎ 02-499-9669 🕐 매일 11:00~23:00
메뉴 아메리카노 5,000, 아인슈페너 6,500, 필스너우르켈 9,000, 봉골레 18,000
📷 @daelim_changgo Ⓟ N

08 성수연방 성수 힙 스타일의 시작

기존 화학 공장을 매입해 새로운 복합문화공간으로 개조한 성수동 랜드마크다. 오프라인 브랜드 매장 '띵굴 스토어'를 비롯해 취향을 고려하는 큐레이팅 서점 '아크앤북' 등 흥미로운 공간과 다양한 F&B 숍으로 구성돼 있다. 특히 성수연방의 '천상가옥' 은 건물 꼭대기에 위치한 루프탑 카페로, 식물원 또는 꽃 농원을 연상시키는 독특한 인테리어로 유명하다. 감각적인 사진 연출에 적합하며, 숨겨진 크루아상 맛집이다.

📍 성동구 성수이로14길 14 ☎ 0507-1336-0277 🕐 매일 10:00~22:00
메뉴 에스프레소 4,300, 카페라테 4,300, 카푸치노 4,800 🏠 otdcorp.co.kr/our-brand/seongsuyeonbang Ⓟ Y

09 안전가옥 시간제로 이용하는 나만의 도서관

성수동 골목길을 책임지는 안전가옥은 원래 출판사 겸 창작 관련 다양한 프로젝트를 진행하는 집합소이다. 안전가옥 카페는 음료 주문 시, 건너편 도서관에서 책을 읽거나 개인적인 작업이 가능한 일종의 작업실을 제공한다. 음료 주문 시, 2시간 이용이 가능하고 원 데이 패스 등도 구매 가능하다. 성수동을 중심으로 활동하는 프리랜서 및 창작자들 사이에서 조용하고 편리한 작업 공간으로 알려져 있다.

📍 성동구 뚝섬로1나길 5 G203층 ☎ 02-461-0601 🕐 화~일 11:00~23:00
메뉴 화~일 11:00~23:00 🏠 safehouse.kr 📷 @safehouse.kr Ⓟ N

10 애슐린라운지(ASSOULINE) 프렌치 스타일로 샴페인 한잔

세계 3대 아트북 출판사 가운데 하나인 애슐린이 도산공원 주변에서 운영하는 북카페이다. 90년대 중반부터 애슐린은 현대적이고 고급스러운 동시에 창의적인 아트북 제작에 주력해 왔다. 무엇보다 아시아 지역에서 애슐린라운지가 운영되는 곳은 서울이 유일하다. 그만큼 특별해 브랜드와 디자인 관련 영감을 좇아 이곳을 방문하는 유명 인사들이 많다. 책과 함께하는 커피와 가벼운 디저트, 잔으로 마시는 샴페인 등을 권한다. 평소 유럽 문화와 여행, 책에 관심이 많다면 더욱 추천할 만하다.

📍 강남구 도산대로45길 11 지하1층 ☎ 02-517-0316 🕐 월~토 11:00~22:00
메뉴 블랙 크리스탈 라떼 11,800, 레드 크리스탈 에이드 11,800, 말차 라떼 10,800, 비엔나 드림 10,800 🏠 www.assouline.com 📷 @assoulinekorea Ⓟ Y

I1 정동1928 아트센터 역사와 예술적 가치가 통합된 공간

서울 덕수궁 길을 따라 조금만 걷다 보면, 기다란 원형 기둥과 붉은색 벽돌이 인상적인 건물을 만난다. 이곳은 90년 역사의 구세군 중앙회관 건물을 새롭게 리뉴얼 한 정동 1928 아트센터. 오늘날 정동 1928은 공연, 전시, 강연 등 다양한 프로그램은 물론 카페와 휴게공간, 결혼식까지 다채로운 행사를 수용하는 복합공간으로 옷을 갈아입었다. 특히 본관 1층에 위치한 '헤이다'는 엄선된 원두를 사용한 핸드 드립 커피와 신선한 제철 재료의 브런치 카페로 유명하다.

📍 중구 덕수궁길 130 구세군중앙회관 ☎ 02-722-1928 🕙 매일 10:00~20:00
메뉴 에스프레소 4,000, 아메리카노 5,000, 스콜리오 18,000, 치즈 수플레 오믈렛 15,000 🏠 www.jeongdong1928.com 📷 @jeongdong_1928 🅿 Y

I2 카페 어니언 안국의 고즈넉한 한옥카페

양파처럼 까면 깔수록 색다른 매력을 자랑하는 카페 어니언. 공간과 장소에 대한 깊은 이해와 현지화로 각 지점마다 고유한 개성을 뽐내며 힙스터들의 마음을 사로잡는다. 어니언 안국점은 지은지 100년이 넘은 오래된 한옥을 현대적으로 재해석한 공간이다. 'ㅁ' 자로 둘러진 한옥의 틀을 살려 대청마루, 기와, 온돌방을 그대로 보존하고 좌식 테이블도 마련했다. 입구 오른쪽 베이커리에서는 매일 아침 신선한 빵을 만들어 커피와 함께 제공한다. 성수에 1호점, 미아에 2호점이 있다.

📍 종로구 계동길 5 ☎ 070-7543-2123 🕙 월~금 07:00~22:00/토 일 09:00~22:00 메뉴 아메리카노 5,000, 이탈리안 카푸치노 5,300, 스콘앙버터 4,000, 인절미팡도르 5,000 🏠 onionkr.com 📷 @cafe.onion 🅿 N

I3 커피앤시가렛 일상 속 힐링이 가능한 아지트

커피앤시가렛은 이름 그대로 커피와 담배 관련 제품을 함께 제공한다. 라이터, 재떨이 등 흔치 않은 구성과 카페 한쪽에 마련된 턴테이블 및 다양한 LP판에서 이곳이 취향을 중시하는 사람들의 아지트임을 깨닫는다. 서울 시청 및 서소문 직장인들 사이에서 최고의 전망을 지닌 카페로 유명하다. 덕수궁, 인왕산, 대한항공 건물까지, 탁 트인 도시 전망과 황홀한 야경 때문에 일부러 찾아오는 이들도 많다. 풍부하고 부드러운 크림을 자랑하는 비엔나커피가 유명하며 북 토크, 작가와의 만남, 영화 시사회 같은 소규모 행사도 열린다.

📍 중구 서소문로 116 ☎ 02-777-7557 🕙 월~금 08:30~21:00 토 11:00~21:00
메뉴 아메리카노 4,300, 바닐라 라떼 5,500, 시그니처 비엔나 6,500
📷 @coffeeandcigarettes1706 🅿 N

Exotic Brunch

여유로운 시간을 선사하는 브런치는 이제 서울라이트의 문화가 되었습니다. 이국적인 메뉴가 있는 브런치 카페들을 꼽아봅니다.

I4 바통 밀카페 숨은 브런치 맛집

용산역 뒷골목은 최근 가장 떠오르는 '핫플'중 하나다. 허름한 골목 사이로 작고 협소한 카페나 맛집, 와인바 등이 줄지어 있는데, 그 중 바통은 북유럽 스타일의 가정식 브런치 카페로 유명하다. 클럽 샌드위치, 팬케이크, 샐러드 등 기본 메뉴와 가벼운 와인, 맥주 등 주류도 구비했다. 추천메뉴는 각종 소스와 채소, 수란이 더해진 매콤한 수프에 바게트 빵을 찍어 먹는 '바통 슈카'다.

📍 용산구 한강대로15길 33 ☎ 070-8869-6003 🕐 매일 11:00~18:00 **메뉴** 바통 슈카 18,500 클럽 샌드위치 13,800, 오늘의 스프 7,900, 팝오버팬케이크 18,900 📷 @baton_mealcafe 🅿 N

I5 메종 사우스케이프 남해 여행을 부르는 곳

남해에 위치한 세계적인 골프 코스와 럭셔리 리조트인 사우스케이프가 2020년 6월, 도산공원 앞에 메종 사우스케이프의 문을 열었다. 지하 1층은 갤러리, 지하 2층에는 스크린 골프 스튜디오, 1층엔 골프웨어와 소품 숍, 2층에 카페/레스토랑이 위치한다. 레스토랑의 음식은 남해 리조트의 인기 메뉴들과 'Sea to Table'란 콘셉트에 충실하다. 쇼핑과 다이닝뿐만 아니라 최고의 실력자들이 공들인 건축, 인테리어, 조경, 가구 들의 완성도와 아름다움까지 천천히 음미할 수 있는 공간이다.

📍 강남구 도산대로45길 17 메종 사우스케이프 2층 ☎ 02-6205-6701 🕐 매일 11:00~19:00 **메뉴** 샐러드 15,000, 전복 리조또 35,000, 수제 햄버거 28,000 🏠 www.southcape.shop 🅿 Y

I6 버터북 영국 여행 감성 물씬

자기한 내부 장식으로 유명하다. 영화 〈노팅힐〉을 연상시키는 건축 디자인 때문에, 한때는 카페 앞에서 인증샷 대란이 일어났을 정도. 도넛, 스콘, 젤라또와 수제 우유 등을 주로 판매하며 방문 손님의 90% 이상이 여자다. 안은 협소해 언제 방문해도 30분 이상 대기는 필수. 커피 등 음료 메뉴는 단순하지만, 일요일 하루쯤 여행 분위기에 취하고 싶다면 제격이다.

📍 용산구 신흥로15길 20 ☎ 0507-1320-6645 🕐 화~일 11:00~20:00 **메뉴** 라즈베리도넛 4,500, 바닐라도넛 4,000, 젤라또 5,300 📷 @butterbook.kr 🅿 Y

17 언더야드 한남점 햇살 가득한 여행지를 닮은 공간

따듯한 햇살, 여유로움, 조용하면서도 유쾌한 카페 분위기가 그리우면 일요일 아침, 언더야드로 가자. 언더야드 한남은 1호점인 도산점보다 더 이국적이라는 평가다. 매거진 에디터와 공간 디자이너 부부가 손수 꾸민 언더야드 한남점은 벽돌로 지은 건물 외관과 짙은 타일을 사용한 바닥, 우아한 음악까지 복고풍 분위기를 자랑한다. 대표 메뉴는 신선한 재료와 소스가 담뿍 들어있는 아보카도 샌드위치. 특히 언더야드의 커피는 프린츠의 원두를 사용하여, 맛도 품질도 최상급이다.

📍 용산구 한남대로27가길 26 📞 02-749-5743 🕐 화~일 10:00~20:00
메뉴 아보카도 샌드위치 13,000, 리코타 토마토 그린 샌드위치 14,000, 샐러드 12,000 @underyardseoul Y

18 카페413프로젝트 안 반할 이유가 없네?

서울이 아닌 근교 여행을 온 것 같은 기분을 주는 브런치 카페다. 역삼동 주택가에 위치한 카페413은 대규모 공사장을 근사한 카페로 구현했다. 일반 주택을 개조하면서 벽돌과 낡은 계단을 그대로 살렸고, 실내에는 높은 천장과 일부러 뚫어 놓은 것 같은 구멍, 무심히 세워 둔 나무판자 조형물까지 '힙'한 요소가 가득하다. 커피와 식사 메뉴도 훌륭한 편. 특히 현미를 사용한 로제타 뇨끼는 쫄깃하고 담백한 맛으로 남녀노소 거부감 없이 즐길 수 있다.

📍 강남구 논현로97길 19-1 📞 070-7798-0544 🕐 화~일 10:30~22:00
메뉴 더치 커피 5,000, 아보카도 오렌지 볼 14,300, 로제타 현미 뇨끼 15,500 @cafe413project Y

19 카페람베리 도쿄의 미쉐린 셰프가 방배동에 왔다.

카페람베리는 최고급 수준의 디저트와 음식, 스타일리시한 분위기를 갖춘 방배동 카페골목의 브런치 선두주자다. 미쉐린 가이드 도쿄에서 11년 연속 별을 획득한 레스토랑 '람베리'의 실력파 셰프 키시모토 나오토가 한국의 '카페람베리' 오픈 시 컨설팅을 맡았고, 지금도 메뉴에 관여한다. 올데이 브런치 메뉴의 구성이 탄탄하고 음식에 기본기가 느껴진다. 특히 한우 투뿔 토마토 함박 스테이크를 적극 추천한다. 저녁 6시부터 운영하는 무제한 와인뷔페는 요란하지 않지만, 은근히 인기있는 프로모션이다. 생각보다 내실있는 카페 레스토랑이다.

📍 서초구 방배중앙로 214 📞 02-586-0068 🕐 매일 10:30~22:00 **메뉴** 토마토 함박 스테이크 22,000, 크로크마담 15,000, 크로크무슈 14,000 와인뷔페 25,000
🏠 www.cafelembellir.com Y

Photogenic !!

인증샷 좋아하는 이들에게 최상의 만족감을 주는 비주얼 카페. 물론 맛도 기본 이상은 되어야 하겠지요? 인스타그램에 자랑하세요!

20 1인1잔 양반 댁에서 귀한 대접을 받는 기분

1인1잔은 은평구 한옥마을과 멀리 북한산까지 최고의 전망을 자랑한다. 지하 1층 갤러리부터 1,2층은 브런치 카페로 3층은 전시용 가구를 선보이는 쇼룸으로, 4~5층은 한옥 별채로 6층은 루프탑 공간으로 각각 사용한다. 대형 유리창으로 내려다보이는 한옥과 푸른 산의 풍경이 사시사철 여유로움을 선물한다. 특히 1인 1잔은, 1인용 소반에 특별 제작한 도자기 식기를 이용해 메뉴를 제공한다. 덕분에 흡사 지위 높은 양반 댁에서 귀한 대접을 받는 느낌이다.

📍 은평구 연서로 534 ☎ 02-357-1111 🕐 화~일 10:00~21:30 **메뉴** 아메리카노 5,000, 수제과일차 6,000, 두텁떡 5,500, 앙금절편 5,500 📷 @1in_official Ⓟ Y

21 그린마일커피 북촌 타협하지 않는 맛에 대한 고집

'좋은 커피는 좋은 재료의 선별에서부터 시작된다'는 가치를 고집하며 2009년 오픈했다. 1호점 강남구청점에 이어, 2호점은 한국적 매력이 물씬 풍기는 종로구 가회동을 선택했다. 북촌 한옥들이 내려다보이는 전망도 근사하지만, 사실 그린마일커피는 커피 맛으로 승부하는 곳. 단맛과 산미의 조화에 집중하는 송버드, 단맛과 쓴맛이 적절하게 어우러지는 올드스쿨, 감칠맛 나는 레드와인을 연상시키는 케냐 카루만디 AA, 그리고 사이폰 커피까지 제대로 된 커피를 만끽할 수 있다.

📍 종로구 북촌로 64 ☎ 0507-1333-2404 🕐 월~금 08:00~20:00 토일 10:00~20:00 **메뉴** 애플베리티 6,000, 사이폰커피 7,000, 아메리카노 5,000
🏠 greenmilecoffee.com Ⓟ N

22 식물관 PH 싱그러운 초록 공간에서 힐링

눈이 피곤하면 자연스레 녹색을 찾는다. 싱그러운 나무와 꽃, 풀, 작은 곤충까지 심신의 안정을 원한다면 수서로 떠나보자. 식물관 PH는 지난 2019년 오픈한 종합 전시공간으로 식물원, 카페, 갤러리, 전시관 등으로 구성돼 있다. 대형 유리창과 주로 흰색을 사용한 삼각형 모양의 온실에는 충분한 빛을 받은 화분과 여러 종류의 풀들이 반짝거린다. 4층에는 셀프 사진 촬영이 가능한 체험 공간도 마련돼 있다. 단, 식물관 출입 시 모든 공간을 이용하는 통합권을 구매해야 한다.

📍 강남구 광평로34길 24 ☎ 02-445-0405 🕐 매일 11:00~20:00 **메뉴** 뉴욕치즈 케이크 6,500, 바스크치즈 케이크 6,500, 아이스크림 크로플 7,500
🏠 www.sikmulgwan.com 📷 @sikmulgwan.seoul Ⓟ Y

23 제이히든하우스 미니멀리즘 한옥의 모든 것

현재 동대문에서 가장 '핫'한 한옥 카페로 1915년에 설계된 90평 규모의 한옥을 현대적으로 복원했다. 은은한 대나무 정원과 특수 제작된 이태리산(terrazzo) 타일, 그리고 8미터 길이의 널찍한 바까지 곳곳이 볼거리다. 메뉴도 비범하다. 헤이즐넛 초콜릿으로 풍미를 더한 갓 구운 크루아상에 제주산 녹차 파우더를 얹은 'J. 제주 크루아상' 등, 로컬 재료를 결합한 베이커리들을 소개한다. 수준 높은 커피와 맥주, 직접 만든 차도 즐길 수 있다.

📍 종로구 종로 269-4 ☎ 02-744-1915 🕐 월~금 12:30~18:30 토일 13:00~19:00
메뉴 아메리카노 6,500, 라떼 7,000, 유기농 녹차 밀크 7,500, 레몬 생강차 8,500
🏠 www.jhiddenhouse.com 📷 @j.hiddenhouse Ⓟ Y

24 풍류관 속세를 떠나 하루 놀다 가세요!

서촌 한옥 카페로 유명한 풍류관은 말 그대로 '풍류(風流)'를 즐기는 공간이다. 마치 한복과 갓이라도 챙겨야 할 것 같은 느낌. 서촌 주택가 골목 끝에 위치하는데, 초심자는 길 찾기가 살짝 까다롭다. 어두운 실내조명과 대형 병풍, 나무 천장, 먹을 사용한 수묵화 등 내부 장식은 모두 조선시대 감성이다. 동양적 분위기와 달리 치즈케이크, 타르트, 파이, 몽블랑 같은 퓨전 스타일의 메뉴는 풍류관을 더욱 친근하게 만든다.

📍 종로구 필운대로5나길 20-12 1층 ☎ 0507-1376-0006 🕐 매일 13:00~21:00
메뉴 시그니처 커피 7,500, 앙버터 모나카 4,000, 만추 9,000 📷 @poongryu.hall
Ⓟ N

25 호아드 카페&갤러리 인생샷 찍으러 가자!

국립현대미술관 뒤편에 자리한 갤러리 겸 카페로, 통유리를 사용한 시원한 전망과 포토 스폿을 자랑한다. 2층 갤러리 끝, 유리창 앞에서 사진을 찍으면 고풍스러운 한옥과 삼청동까지 고스란히 담긴다. 인기 메뉴는 아인슈페너. 그림 감상과 삼청동 여행, 그리고 사진 촬영이라는 목표를 모두 달성할 수 있다. 카페 옆 한옥 레스토랑은 건강하고 깔끔한 메뉴 구성으로 유명하며 심플한 카페와 달리 내부를 화려하고 앤티크 한 가구로 꾸몄다.

📍 종로구 율곡로1길 54-3 ☎ 02-725-1204 🕐 화~일 11:00~21:00 메뉴 바닐라 라떼 6,000, 아인슈페너 6,500, 레몬차 7,000 📷 @hoard_official Ⓟ Y

PUB & BAR

철학자 키케로(Marcus Tullius Cicero)는 '술을 마시지 않는 사람에게 사리분별을 기대하기는 어렵다.' 라는 명언(?)을 남겼다. 낮과 밤 다른 모습의 칵테일 바, 전통 막걸리 양조장, 무국적 술집까지 서울 시내 이색 술집 및 바를 소개한다.

With Dinner

2차 고민 필요없어요. 술과 밥이 공존하는 펍 추천리스트는 레스토랑에 견주어도 솜씨가 뒤지지 않는 메뉴들이 있어요. 맛있는 음식과 술을 함께 즐기세요.

01 동남방앗간 핫플 와인바

'핫플' 많기로 소문난 한남동에서도 동남방앗간은 화제다. 연남동과 신사동에 이어 한남동에 생긴 동남방앗간은 우선 간판이 없고 찾기 매우 힘들다. 하지만 문을 여는 순간, 유럽으로 순간이동한 듯한 반전을 선사한다. 뇨끼, 라자냐, 라 빠르미지아나 등 화려한 비주얼을 자랑하는 이태리 요리는 오감을 즐겁게 하고 유럽산 치즈와 햄을 가득 담은 방앗간 플레이트는 와인이 술술 넘어가게 한다. 오전 11시 부터 브레이크 타임 없이 운영하는 덕분에 낮술 명소로도 알려져 있다. 분위기도 맛도 만점.

📍 용산구 유엔빌리지길 20 1층 ☎ 0507-1349-1225 🕐 매일 17:00~ 메뉴 방앗간 플레이트 35,000~ Ⓟ N

02 백곰막걸리 300여 종이 넘는 우리 술 만끽

우리 술의 특별함이나 외국인 친구에게 소개하고 싶은 전통 술집을 찾는다면 백곰막걸리가 제격이다. 압구정 로데오 거리에 위치한 백곰막걸리는 무려 300여종이 넘는 우리 전통술과 제철 재료를 이용한 맛난 안주를 선보이는 독특한 술집이다. 사람들은 희귀한 술을 찾아 혹은 맛있는 막걸리와 안주를 찾아 백곰을 찾는다. 지금의 백곰막걸리를 있게 한 데는 이승훈 대표의 공이 크다. 이 대표는 창업 초기 전국 방방곡곡을 돌아다니며 유명한 전통주를 섭렵했으며 지금도 인재양성에 주력하는 등 우리 전통술의 세계화에 애쓰고 있다.

📍 강남구 압구정로48길 39 1-2층 ☎ 0507-1377-7644 🕐 월~금 16:00~22:00 토 15:00~22:00 메뉴 간재미찜 24,000, 제주 돼지 수육 33,000, 피꼬막 무침 24,000 🏠 whitebear.modoo.at Ⓟ N

03 솟대막걸리 양조장 남녀노소 사랑하는 은은한 단맛

갓 빚은 따끈한 막걸리와 청주 그리고 요리까지 즐길 수 있는 도심 속 소규모 양조장이 있다. 2018년 소규모 주류 제조장 면허를 취득한 이래 국내산 햅쌀과 물, 직접 띄운 누룩을 사용해 술을 빚는다. 거의 전투에 가깝게 전통적인 주조 방식으로 자연발효 과정을 거쳐 만들어 내는 솟대 막걸리는 오직 이곳에서만 유통된다. 은은한 단맛과 숙성된 감칠맛으로 솟대막걸리를 통해 전통주의 매력을 알게 된 이들이 많다고. 솟대막걸리 8도와 10도, 그리고 청주인 춘향이 있다. 매운 콩나물 오징어가 일품이다. 매장에서 술을 테이크아웃하면 할인이 된다.

📍 관악구 신림로 305 3층 ☎ 0507-1323-9156 🕐 화~일 16:00~ 메뉴 솟대 8도 9,500, 10도 13,000, 매운 콩나물 오징어 16,000, 치즈 계란말이 13,000 🏠 sotdae.kr Ⓟ N

- 가나다 순
- COVID 19로 인한 영업시간 및 운영 내용은 변동 가능함

04 스탠딩바 전기   대한민국 술꾼이 사랑하는 선술집

을지로 3가에 위치한 스탠딩바 전기는 무국적 술집을 지향한다. 좁은 통로와 'ㄷ'자 테이블, 의자 대신 서서 마시는 구조는 일본 어느 뒷골목의 작은 선술집과 꼭 닮았다. 그래서 전기는 퇴근 후 가볍게 방문해 짧고 굵게 마시는 진짜 술꾼에게 보석 같은 공간이다. 세련된 공간과 독특한 테마가 알려지면서 개업 초기부터 SNS 핫플로 인기를 얻었지만, 전기의 매력은 이미지로만 국한되지 않는다. 마파두부, 명란, 참치, 멘보샤 등 다양한 재료를 활용한 수준 높은 요리는 맛은 물론 맥주, 하이볼 같은 술과 뛰어난 조화를 이룬다. 선곡도 훌륭하다.

📍 중구 수표로 42-19   ☎ 070-8840-8000   🕐 화~토 18:00~24:00
메뉴 생맥주 4,500, 가쿠하이볼 8,000, 참치 된장구이 11,000, 마구로 낫토 13,000
📷 @standingbar_denki   Ⓟ N

05 한국술집 안씨막걸리   막걸리는 싼 술이 아닙니다!

경리단길 입구에 위치한 '안씨막걸리'는 우리 전통주와 그에 어울리는 다양한 먹을거리로 유명한 술집이다. 한국 술집 최초로 〈2021 미쉐린 가이드 – 빕구르망〉에 등재될 만큼 품격과 맛을 자랑한다. 실제 막걸리 하면 떠오르는 전이나 저렴하다는 인식에서 탈피해 공간 화려함을 더하고 하이엔드를 추구하며 메뉴 개발에도 상당한 공을 들였다. 하동, 참치, 홍게 같은 고가의 식재료를 사용한 안주는 내외국인 모두의 입맛을 저격한다. 붉은 벽돌을 사용한 친근한 외부와 모던한 내부의 대비도 흥미롭다.

📍 용산구 회나무로 3 아름누리빌딩 1층   ☎ 010-9965-5112   🕐 매일 18:00~   **메뉴** 꽃잠 27,000, 지리산 하동 27,000, 미인탁주 27,000   🏠 ahnmak.modoo.at   📷 @ahn.mak   Ⓟ Y

Special & Unique

조금 특별한 밤을 원하시나요?
서울 대표, 실력있는 바텐더들을 만나보시죠.

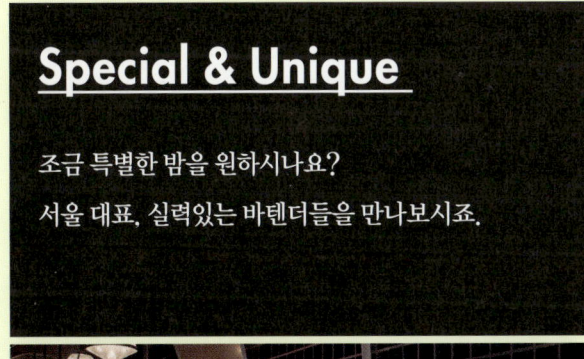

06 다희   현존하는 최고령 바텐더의 솜씨

여의도 소재 다희는 1987년 오픈해 벌써 30년째 한자리를 지키는 노포다. 특히 다희의 이명렬 바텐더는 우리나라에서 활동하는 1세대 바텐더이자 최고령 바텐더로 명성이 자자하다. 낡은 내부와 좁은 입구, 오래된 벽화 등 다희는 세련되지 않았지만, 투박한 술맛과 이명렬 바텐더의 화려한 말재주로 손님들의 발길을 붙잡는다. 진토닉, 테킬라, 선라이즈 등 주문 즉시 뚝딱뚝딱 만들어내는 그의 칵테일 솜씨는 예술 그 자체. 가격도 저렴하다. 일찍 문을 닫기 때문에 이른 시간대에 방문하는 것이 좋다. Photo by @beersake

📍 영등포구 여의대방로69길 7 충무빌딩   ☎ 02-783-9919   🕐 월~금 16:00~22:00 토 일 16:00~20:00(비정기)   **메뉴** 칵테일 5,000~   Ⓟ N

07 더웨스트햄릿 진짜 히든바

진심 최고의 김렛(Gimlet)서울의 바텐더들이 '마스터'라 부르는 전병준마스터의 공간이다. '진짜 선수'가 이곳에 온 까닭은 '찾아가야 하는 바'를 원했고 서울의 서쪽인 공항 옆 방화동이 맘에 들었다고. 단 8명의 게스트만 허하는 바 좌석은 아일레이의 위스키 증류소 8개를 의미하고, 시그니처 칵테일인 김렛은 소설 〈기나긴 이별〉에 나오는 오리지널 레시피로 만든다. 반드시 로즈사의 라임 주스를 넣는 것이 포인트! 가니시보단 기물의 아름다움을 추구한다. 19세기 빈티지 잔에 얼음을 깎는 그를 만나려면 예약이 필수다.

📍강서구 방화동 562-38, 2층 ☎010-6270-4109 🕒매일 19:30~02:00 메뉴 칵테일, 와인, 위스키 등 📷@thewesthamletbar Ⓟ N

08 스피크이지몰타르 몰래 마시는 간판 없는 술집

몰타르는 은밀하게 마시는 술집을 테마로 하는 '스피크이지(speakeasy)' 콘셉트의 바다. 스피크이지 바는 1920년대 미국 금주령 시대, 몰래 숨어서 영업하던 바를 일컫는 말. 경찰에게 알리지 않도록 '쉬쉬하며 조용히 말했다'는 뜻에서 유래한 이름이다. 한남 오거리 인근 골목에 자리한 몰타르는 당시의 상황과 분위기를 충분히 재현해 차별화된 재미를 제공한다. 손님이 밖에서 문을 두드리면, 바텐더가 접선(?) 하듯 인원수와 메뉴를 묻고 입장을 허락하는 구조. 깔끔한 메뉴와 우아한 실내 장식까지, 데이트 장소를 고민한다면 추천한다.

📍용산구 독서당로 73-4 ☎070-4288-7168 🕒매일 17:00~ 메뉴 1인 자릿세 5,000~, 칵테일 20,000~ 🌐www.facebook.com/speakeasymortar Ⓟ N

09 엘리스 청담 이상한 나라의 엘리스

잠시 동화 속 세상으로 숨고 싶다면 청담동에서 흰 토끼를 찾자. 2015년 오픈한 엘리스 청담은 부침 심한 청담에서 5년 넘게 자리를 지키는 이색 술집이다. 〈이상한 나라의 엘리스〉를 모티브로 회중시계, 오래된 감성의 테이블, 와인 마시는 토끼 간판까지 영화에서나 만날 법한 공간을 연출했다. 바의 기본인 칵테일 맛과 수준도 뛰어난 편. 실제 엘리스 청담은 'The World's 50 Best Bars'가 선정한 〈2016 한국 Best Bar〉에서 1위를 차지한데 이어 〈Asia 50 Best Bars〉 에서 11위의 영광을 차지한 바 있다.

📍강남구 도산대로55길 47 ☎02-511-8420 🕒매일 17:00~21:00 메뉴 칵테일 25,000~ 🌐blog.naver.com/alice_cd 📷@alice_cheongdam Ⓟ Y

10 이탄 묵직하고 우아한 어른의 맛

종각역 젊음의 거리에서 도보 5분 소요되는 이탄은 지하 1층에 자리한 칵테일 바다. 주로 밀실 같은 조용한 분위기에서 묵직한 싱글몰트 한 잔과 여유로움을 즐기고 싶을 때 찾는다. 원래 '이탄(Peat)'은 싱글몰트 위스키에 들어가는 재료 가운데, 맥아를 건조할 때 태우는 석탄이 되기 전 퇴적물을 뜻한다고. 이탄을 사용하면 향과 맛 모두 한층 매력적인 위스키가 탄생하는데, 이는 곧 어른의 맛으로 인식된다. 싱글몰트 외에도 다양한 칵테일과 햄버거, 파스타, 스테이크 같은 식사 메뉴를 함께 갖추고 있다.

📍종로구 삼일대로17길 20-1 우덕빌딩 지하 1층 ☎0507-1344-3714 🕒매일 19:00~ 메뉴 위스키 25,000~, 럼 11,000~, 마티니 52,000 📷@bar_etan Ⓟ N

11 장생건강원 bar 바에서 에너지 충전을 한다고?

장생건강원은 건강에 좋은 칵테일과 메뉴로 처방을 한다는 재미있는 콘셉트의 바다. 술집에서 건강을 챙긴다는 개념이 모호하지만, 방문 즉시 손님에게 내주는 헛개수부터 다름이 느껴진다. 서정현 대표 바텐더는 맛과 서비스뿐만 아니라, 주변과의 협업에도 관심이 많다. 그래서, 매월 영동시장 내 상점과의 콜라보로 특별 메뉴를 개발하고, 삼계탕, 붕어빵 같은 점심 메뉴를 론칭하기도 했다. '안 온 사람은 있어도 한 번 온 사람은 없다'는 영동시장의 이색 바, 장생원의 미래가 궁금하다.

📍 강남구 강남대로124길 23 ☎ 0507-1369-1077 🕐 매일 11:00~22:00 **메뉴** 칵테일 17,000~, 위스키 16,000~, 글래스 와인 15,000 📷 @bar_jangseng Ⓟ N

12 프리 빌리지 바 이태원 스타일, 저 세상 '힙' 만끽

호텔 루프탑에서 즐기는 칵테일은 로맨틱 영화와 같다. 평범해 보이지만 그만큼 실패 없는 재미와 즐거움을 선물하는 것. 프리 빌리지 바는 이태원 몬드리안 호텔 RF 층에 위치하며 여자들 사이에서 사진 맛집으로 인기를 끄는 '힙' 한 명소다. 네이비 색을 활용한 입체감 있는 벽과 반짝이는 전구, 방콕을 연상시키는 중앙 라운지는 잠시 해외에 온 듯 기쁨을 선물한다. 루프탑 아래로 내려다보이는 이태원 거리와 반짝이는 남산타워의 야경도 놓치기 힘들다. 장시간 체류보다는 이른 저녁 잠시 방문해 가벼운 칵테일을 즐기고 이태원/한남동 나이트 라이프를 즐겨보자.

📍 용산구 장문로 23 몬드리안 서울이태원 RF ☎ 02-2076-2071 🕐 매일 16:00~22:00 **메뉴** 스페셜티 칵테일 25,000 📷 @mondrianseoulitaewon Ⓟ Y

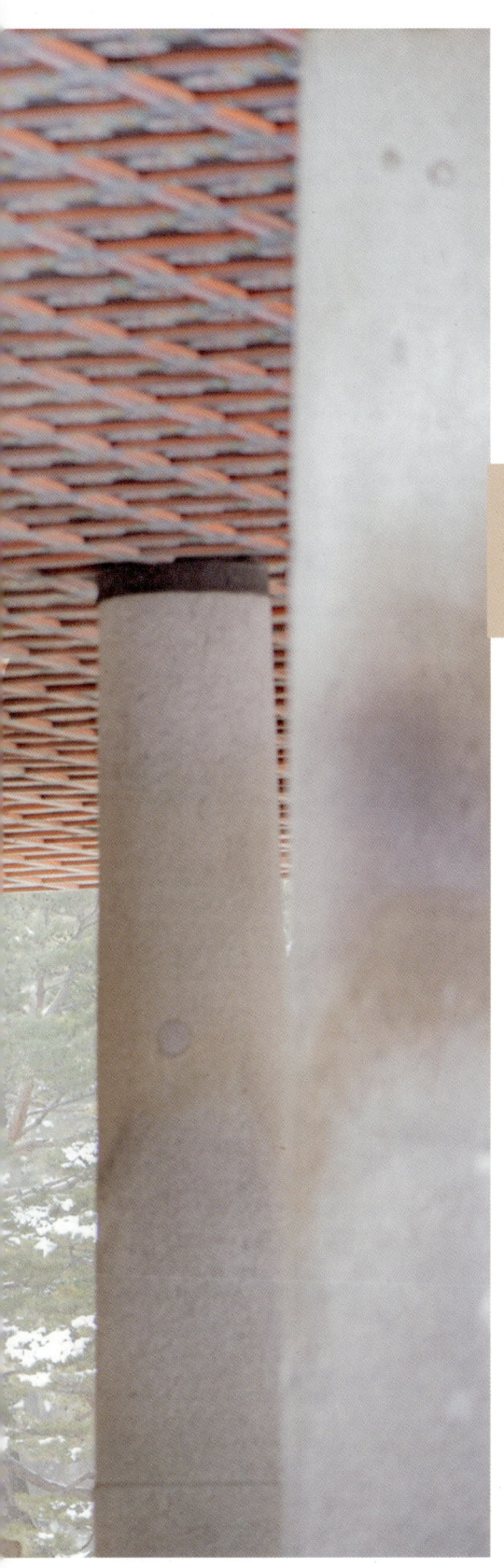

MOVE ON
[그리고 또 다른 이야기들]

Seoul Storyteller
스토리텔러, 서울의 이야기를 들려주세요

뉴요커(New Yorker), 파리지앵(Parisian), 베를리너(Berliner), 런더너(Londoner), 도쿄진(東京人), 그리고 서울라이트(Seoulite). 모두 특정 도시에 거주하는 시민을 아울러 지칭합니다. 단순한 말장난 같다는 볼멘소리도 있지만, 말에는 분명한 힘이 깃들죠. '서울라이트'들의 서울 이야기를 발굴하는 스토리텔러를 만났습니다.

Editor 김빅토 Photographer 박종도, 이규열. 프로젝트서티나인

서울의 이야기를 발굴하는 사람,
이병철 과장

2021년 에어비앤비가 조사한 위시리스트 10개 도시 중 한곳으로 서울이 상위권에 포함되었다는 뉴스를 전해 들은 아침, 하루가 다르게 세계 속의 위상이 달라지고 있는 도시 서울을 가꾸고 홍보하는 서울시 관광산업과 이병철 과장을 만났다.

MOVE 반갑습니다. 서울의 이야기를 발굴하는 일을 하신다고 들었습니다. 저희도 이번 서울편 디렉토리에 서울의 오래된 가게들을 소개했습니다만 이런 가게들도 서울의 사라져가는 역사와 이야기가 될 수 있을 것 같은데요, 오래된 가게를 발굴하는 사업을 과장님 부서에서 진행하셨다고도 하던데, 간단한 설명 부탁드립니다.

LEE 나라마다, 지역마다 오래된 가게들을 부르는 명칭들이 있지요. 일본에는 '시니세', 중국에는 '라오쯔하오' 유럽에는 '백년가게'가 있어 시민들은 물론 지역을 방문하는 관광객에게도 많은 관심과 사랑을 받고 있습니다. 한국에서는 그동안 '노포'라고 부르며 이 오래된 가게들에 별다른 이름을 부여하고 있지 않다가 2017년부터 서울시에서 이들을 브랜딩하면서, 시민들이 투표를 통해 '오래가게'란 이름을 붙여 주었습니다.

MOVE '오래가게'를 발굴하는 목적이 관광과 관련이 있나요?

LEE 서울의 오래가게들은 시민들의 생활과 매우 밀접하게 연결되어 있습니다. 사실 가게의 제품이나 역사만이 중요한 것이 아니라 그 가게가 위치한 주변의 볼거리와 먹거리, 골목의 이야기들이 하나로 묶여야 더 큰 매력을 발휘하게 됩니다. 그래서 서울시가 '서울이야기' 라는 사업으로 '오래가게'와 다양한 서울의 이야기들을 함께 발굴하고 있는 것입니다.

MOVE 혹시 서울의 오래가게 중 인상적인 곳이 있었다면 소개해 주세요.

LEE 보석, 자수, 가구, 단추, 종이 등 조선 시대부터 내려온 전통 문화에 관심이 많아졌습니다. '금박연'은 세계 유일의 금박기술로 공예품을 궁궐에 납품해 오던 곳인데 5대째 대를 이어 계승하고 있습니다. 이런 곳들은 외국인들 뿐만이 아니라 한국인들에게도 꼭 보여주고 싶지요.

MOVE 이번에 저희가 서울을 취재하면서 느낀 도시의 가장 큰 매력은 전통과 현대가 함께 어우러지고 있는 서울의 현재였습니다. '오래가게'의 2021년 이후 계획에 대해서도 알려주세요.

LEE 동의합니다. 골목 안에서 옛것과 새것이 자연스럽게 만나 조화를 이루는 것이 어쩌면 서울의 가장 멋진 모습이 아닐까 합니다. 2021년은 오래가게의 1차 선별이 완료되는 동시에 젊고 트렌디한 새로운 가게나 사람들의 이야기가 본격 시작되는 해이기도 합니다. 감동과 즐거움을 선사하고, 직접 와서 만지고 경험하고 맛보고 싶고, 만나보고 싶은 서울 이야기를 소개하려고 합니다. 기대해주셔도 좋습니다.

8 HOURS in Seoul
서울 8시간 여행

만약 서울 여행자에게 당신의 숨겨둔 힐링코스 8시간을 안내한다면? 어느 가이드북에도 나오지 않는 아주 개인적인 서울라이트들의 여행코스를 제안합니다.

Editor 편집부 **Photographer** 이규열

장창수 프로텍스타일 대표

주당들의 홍대 먹방코스

홍대 앞에서 헤메지 말 것,
어디가야 할지 모르는 이들을 위한 얼큰하고
소울 가득한 먹방 술방코스!

16:00	도보	홍대입구역부터 경의선 숲길로 이동
16:10	관광	Adult shop 및 골목길 구경
14:30	산책	신촌 방향으로 경의선 책거리 구경
18:30	1차	산울림1992
21:00	2차	이자까야 오시리아
22:30	3차	LP바 섬

경의선 숲길 마포구 연남동 가좌역부터 용산구 원효로까지 옛 경의선의 지하화된 철길을 따라 2006년 조성된 공원이다. 총 길이는 6.3km, 이 중 홍대역 3번 출구부터 연남동 가좌역 사이는 '연트럴파크'라고 불리는 가장 인기있는 구간이다. 홍대입구역에서 내려 신촌 방향으로 걷다보면 경의선 책거리로 이어진다.
산울림1992 다양한 막걸리와 전통주가 100종 이상 구비된 퓨전 주점이다. 유명 셰프들의 자문을 받아 개발된 안주와 음식들은 수준이 높다. 식사를 겸비한 1차 자리로 추천.
철길 왕갈비살 40년 전통의 노포로, 이 집에선 무조건 '숯불 양념 소갈비살'을 먹어야 한다. 구수하고 내공이 깊은 된장찌개도 예술이다. 소주와 맥주를 섞은 '소맥'과 함께하면 고기가 술술 넘어간다.
오시리아 전통 이자까야다. 가게는 작지만 30년 이상 한 자리를 지킨 내공있는 곳으로 불맛 나는 각종 꼬치구이가 일품이다. 모듬꼬치구이와 오뎅탕을 추천하며 여기에 뜨끈한 히레사케를 곁들이면 최고다.
섬 레트로한 분위기의 LP바, '섬'에서는 신청곡을 들으며 맥주나 위스키를 한 두잔 기울기기 좋다. LP, CD, 카세트 테이프들이 벽장을 꽉 채우고 있는 것이 꽤 인상적. 가끔은 옛 가수들이 깜짝 등장하여 라이브 공연을 펼치기도 한다.

조은영 MOVE 발행인

서순라길 도보여행

두 개의 유네스코 세계문화유산과 함께 보내는 호젓한
하루. 차량 이동 없이 도보로만 종묘와 창덕궁을
여유있게 관람하고, 서순라길에서 브런치를 먹고, 차를
마시며 유유자적하게 쉬는 8시간.

10:30	관광	창덕궁 관람
12:00	점심	울랄라파리 또는 살롱순라
13:30	관광	종묘 관람
14:30	산책	서순라길 거리 산책
16:00	휴식	헤이줄리 커피숍
17:30	저녁	서울집시 또는 순라길(홍어집)

종묘 조선 역대 왕들의 위패를 모시고 제를 올리는 곳인 종묘는 1995년 유네스코 세계문화유산으로 지정됐다. 멋스러운 외관의 19칸 짜리 긴 건물인 정전, 영녕전과 전사청, 어숙실, 향대청, 신당 등으로 이뤄졌고 30분에서 한 시간 정도 유유자적하게 산책하기 좋다. 유홍준 교수는 '단순함이 보여주는 고귀함이 이 건축의 본질'이라고 했다.
창덕궁과 후원 후원이 아름답기로 유명한 창덕궁은 경복궁에 이어 지어진 조선 왕조의 이궁이다. 서울에서 종묘 다음으로 유네스코 세계문화유산으로 등재됐다. 후원은 별도의 입장료를 지불하고 문화해설사와 함께 돌아보아야 한다. 자연을 거스르지 않는 아름다움은 4계절 방문해도 각기 다른 매력을 뽐어낸다.
울랄라파리 서순라길에 위치한 소박하고 편안한 프렌치 가정식 식당이다. 어니언 스프, 갈레트, 파스타 등의 식사메뉴와 수제트 크레페 등의 디저트 메뉴가 있다. 여유롭게 종묘 돌담을 바라보며 쉬어가기 좋은 곳이다.
살롱순라 감탄이 절로 나오는 예쁜 한옥 레스토랑이다. 피자, 파스타 등의 익숙한 이탈리안 메뉴를 아름다운 공간에서 즐길 수 있다.
순라길 서순라길 끝에 있는 홍어 전문점으로 전라도식 홍어와 고추장 굴비, 낙지볶음이 별미다. 40년이 넘은 노포로 허영만의 식객에 등장해 인기를 끌었다.
지미스모크하우스 수제 훈제햄을 직접 만들어 판매하기도 하고, 이를 활용한 다채로운 요리를 내기도 하는 와인 마시기 좋은 집이다.
서울집시 양조사가 양조장을 유랑하며 맥주를 만드는 집시 브루잉(Gipsy Brewing)을 통해 실험적 맥주를 선보이는 곳이다. 신맛을 극대화한 사워 맥주가 특징.
기타 종묘에서 바로 길만 건너면 세운상가가 펼쳐진다. 요즘 핫플레이스인 타이거 카페, 조금 더 걸어서 을지로까지 이어지는 골목 탐험을 해 봐도 좋겠다.

김희선 프로젝트서티나인 대표

서초 주민 주말 힐링코스

우면산 정복 후 전시와 쇼핑,
맛집 탐험을 즐기는, 발길 닿는 대로 천천히 즐기는
서초 주민 힐링코스.

10:00	관광	방배역 출발, 우면산 둘레길
12:00	점심	백년옥 또는 앵콜칼국수
13:30	관광	예술의 전당, 한가람 미술관 전시 관람
15:30	휴식	태양커피 또는 매뉴팩트
16:30	산책	방배동 사이길
18:00	저녁	서래마을에서 식사

우면산 서초구와 과천의 경계에 있는 293m 의 낮은 산이다. 정상 부근에 도심을 한눈에 내려다 볼 수 있는 전망대와 소망탑이 있다. 다양한 우면산 등산코스가 있으며 서울 둘레길 4코스와도 이어진다.

주민 산책 코스 서울둘레길은 서울의 외곽 157km를 따라 걷는 길로 총 8개 코스로 이루어져 있다. 그중 4코스에 해당하는 대모.우면산 코스는 대모산, 양재를 지나 우면산, 사당역에 이르는 17.9km의 구간이다. 서초 주민들은 서초샘터 입구부터 우면산 정상까지 오른 후, 대성사, 예술의 전당 쪽으로 내려오는 짧은 산책 코스를 자주 이용한다.

태양커피 아인슈페너 맛집으로 소문난 태양커피, 지금은 사당과 홍대쪽에도 지점이 생겼지만 본점은 내방역 근처에 있다. 워낙 규모가 작아서 테이크아웃 손님들이 많지만 매장에 비집고 앉아서 즐기는 커피가 더 맛있게 느껴진다. 롱블랙 3,500원, 아인슈페너 4,500원이라는 경이로운 가격, 외부 디저트도 환영한다. 주변에 카페 노티드가 있으니 참고할 것.

매뉴팩트 플랫화이트와 라떼로 유명한 연희동 로스터리, 매뉴팩트가 방배에도 있다. 신선한 커피를 바로 내려주는 핸드드립은 5,000원, 아메리카노와 라떼는 4,000원이라는 경이로운 가격 2. 단, 영업시간이 오후 5시까지이고 일요일은 휴무임을 꼭 기억하자. 커피가 4,000원

방배사이길 방배로 42길에 위치한 작은 골목이다. '방배사이길'이라 부르며, 개성있는 공방, 갤러리, 카페, 인테리어 소품 샵, 레스토랑들이 들어서, 천천히 걸으며 구경하기 좋다.

서래마을 프랑스 학교가 있어 프랑스인들의 거주 비율이 높은 동네다. 서래마을엔 바게트와 크라상이 맛있는 실력있는 베이커리들이 밀집해 있고, 맛집으로 알려진 레스토랑이나 와인바가 많다. 버거로 유명한 브루클린 더버거조인트와 나폴리 핏자 전문점인 볼라레, 프랑스 식당 라사브어, 줄라이 등이 있다.

홍자영 제이홍 컴퍼니 대표

이태원, 한남 바이브

걷고, 멈추고, 걷고, 또 멈추는 트렌드 관광.
이태원과 한남 바이브를 제대로 느낄 수 있는
영감 가득한 도심 여행 코스!

10:00	산책	그랜드 하얏트 서울~남산 둘레길
12:00	점심	장사랑에서 육칼국수
13:00	산책	이태원 쇼핑 및 스트리트
14:00	휴식	패션5에서 커피와 디저트
16:00	관광	사운즈 한남 내 서점, 스틸북스
17:30	저녁	사운즈 한남 내 일호식

남산둘레길 남산둘레길은 남산서울타워를 기점으로 남산을 크게 한 바퀴 도는 보도코스로 총 7.6km에 이른다. 그랜드 하얏트 서울부터 오른쪽에 있는 구름다리만 건너면 바로 남산둘레길로 이어져 남산서울타워까지 갈 수 있다.

장사랑 언제가도 실망하지 않는 오래 된 한식당이다. 육개장과 칼국수의 조합인 육칼국수와 육개장, 수제비, 뚝배기불고기 등의 가벼운 단품 메뉴는 언제나 부담이 없다. 정갈하게 1인 1상으로 나오는 반상, 그리고 전골, 술과 곁들일 수 있는 일품 요리 구성까지 한식을 다양하게 즐길 수 있는 곳이라 외국인들도 많이 찾는다.

패션5 SPC의 플래그십 스토어 패션 5의 1층은 푸딩, 케이크 등 달달한 디저트가 가득한 곳. 2층, 3층은 파스타, 스테이크, 피자를 즐길 수 있는 레스토랑으로 1층에서 구입한 디저트를 커피와 함께 즐길 수도 있다. 최근 지하 1층에 선보인 '테라스'는 바게트 샌드위치와 계란 요리 등 다양한 브런치 메뉴를 맛 볼 수 있는 카페다. 대밀로 만든 빵 요리를 선보이고 있어 흥미롭다.

사운즈 한남 600평 규모의 대지에 5개의 건물로 구성된 복합문화공간 사운즈 한남은 이 구역을 대표하는 힙플레이스다. 가나아트 한남, 카페 콰르텟, 레스토랑 일호식과 세컨드키친, 큐레이션 서점 스틸북스, 이솝 등이 입점해 있어 트렌드를 빠르게 파악하고, 영감 받기 좋은 구역이다.

스틸북스 사운즈 한남 내에 위치한 서점 스틸북스는 4개층이 테마별로 꾸며져 있는 큐레이션형 서점이다. 1층은 잡지, 2층은 생활과 일, 3층은 예술과 디자인, 4층은 사유와 사람 등으로 카테고리가 분류되어 있다.

일호식 미쉐린 빕구르망에 몇 년째 올라있는 깔끔하고 세련된 퓨전 한식당이다. 저녁 시간에는 '한상차림'을 주문하면 생선, 탕, 고기, 샐러드 등 다양한 메뉴를 한꺼번에 맛볼 수 있는 상이 차려진다. 5만원 대이며 2인 기준의 구성이다. 3인이 함께 먹어도 될 정도로 양이 푸짐한 것이 특징.

Basic Travel Course for Seoul Traveler
서울 관광 공식

낯섦과 익숙함, 그 경계점에 선 묘한 도시 서울에서 그 동안 우리가 외면했던 것들 중 '관광'이 있다. 파리에 가면 바토뮤슈를 타고 루브르와 에펠탑을 보러가듯, 서울 관광에도 기본 공식이 있었다는 것을 잊지 말자.

서울시티투어버스

해 본 이들은 안다. 시티투어버스가 의외로 내국인들에게도 '먹히는' 여행 방법이란 것을. 공식 서울투어시티버스인 서울타이거버스외에도 노랑풍선시티버스가 있다. 서울타이거버스의 경우 22곳의 정류장을 순환 운행하며 내리고 싶은 곳에서 마음대로 내리고, 타고 싶은 곳에서 마음대로 탄다. 버스는 30분 간격이며, 코스는 총 네 개다. 시간과 취향에 따라 각 코스를 조합할 수도 있다. 예를 들면 도심고궁남산코스와 야경코스를 하루에 할수도, 세 개의 코스를 골라 이틀 동안 원하는 시간에 할 수도 있다. 출발 도착지는 광화문이 편리하다. 서울역, 강남역에도 매표소가 있다.

문의: 02-777-6090
티켓 구입처: www.seoulcitybus.com
가격: 코스에 따라 성인 기준 15,000~18,000원. 소인 12,000원
코스: 파노라마코스, 어라운드강남코스, 도심고궁남산코스 등이 있고 복합코스, 2일2코스 2일3코스 1일2코스 등 조합이 가능하다.
참조: 노랑풍선 여행사에서 운영하는 노랑풍선시티투어버스는 코스와 내용, 가격이 서울타이거버스와 약간 다르게 운영된다.
www.seoulcitytourbus.co.kr, www.visitseoul.net

한강 요트 크루즈

한강은 한반도에서 가장 넓은 강이다. 여러 곳에 요트 선착장이 있고, 대중화된 상태라 생각보다 저렴한 가격에 요트투어를 즐길 수 있다. 대표적인 곳이 반포지구의 골든블루마리나, 잠원지구의 메리모나크, 여의도의 서울마리나 등이다. 골든블루마리나에는 매시 정각과 30분에 출발하는 파티보트 리무진호와 레인보우 브릿지, 두 가지의 투어상품이 있는데, 리무진호는 최대 11인을 태우고 30분 동안 운항하고, 레인보우 브릿지투어는 최대 31인이 승선하고 한 시간 정도 진행된다. 다른 선착장들에서 출발하는 요트투어도 내용과 가격들이 비슷하다.

문의: 각 사업장, 골든블루마리나 / 메리모나크 / 서울마리나
티켓구입처: 클룩이나 KKday, 마이리얼트립, 와그, 에어비앤비 등의 액티비티 플랫폼에서 가능하다.

한강유람선

1986년 처음 시작됐던 한강유람선은 2012년 이후에는 이랜드 그룹에서 운영하고 있다. 여의도, 잠실 2개의 터미널이 있고, 낮엔 한강의 아름다운 경치를 관람할 수 있는 스토리크루즈, 야경과 함께 반포대교 달빛무지개분수를 관람할 수 있는 뮤직크루즈, 야경과 재즈 공연이 함께 하는 달빛크루즈 등을 운영한다. 선상에서 뷔페를 즐길 수 있는 런치 뷔페크루즈와 디너 뷔페크루즈, 레스토랑 식사권과의 조합 등등 다양한 상품이 있으니 홈페이지에서 참조할 것.

문의: 02-6291-4900
가격대: 16,000원~
예약: www.elandcruise.com
기타: 주차는 63빌딩 앞 한강시민공원 1주차장

남산서울타워 케이블카

N서울타워? 서울타워? 혼동이 좀 되긴 하지만 공식 웹사이트에 의하면 명칭은 '남산서울타워'다. 40년 만에 공개된 하층부 B1부터 4층까지의 건물인, '서울타워플라자'와 2005년부터 CJ푸드빌이 임대하여 운영 중인 상층부 'N서울타워'로 구성되어 있다. 남산서울타워는 남산의 높이 243m와 탑신과 철탑 236.7m를 포함해 총 해발 479.7m 높이다. 높이 240m, 면적 290만㎡의 높고 넓은 공원으로 조성된 남산 정상에 자리 잡아 360도 전 방향으로 서울 시내를 내려다볼 수 있다. 남산서울타워까지 가는 방법 중 가장 클래식한 관광코스는 역시 케이블카다. 명동역 5번출구에서 회현사거리까지 직진 후, 좌측 방향에서 꺾어 올라와 남산오르미라 불리는 에스컬레이터를 이용하면 케이블카 승강장까지 갈 수 있다. 여기부터 케이블카를 이용해 남산서울타워까지 15분이면 도착한다.

문의: 02-753-2403 웹사이트: www.cablecar.co.kr
가격: 대인 왕복 11,000원 편도 8,000원/ 소인 왕복 7,500원 편도 5,000원 팁: 주차는 남산동 공영주차장이나 회현동 공영주차장에 할 수 있다. 명동역 1번출구, 서울역 서울스퀘어 버스정류장에서 케이블카 셔틀버스가 운행한다. 시간당 1-2회 정도 운영한다. 남산서울타워에 대한 전반적인 정보는 www.seoultower.co.kr 를 참고한다.

N서울타워 전망대

남산서울타워의 상층부 'N서울타워'의 3층과 4층에 위치한 전망대에 오르면 서울 시내를 한 눈에 굽어볼 수 있다. 전망대에 가려면 별도의 입장료를 내야하지만, N서울타워에서 가장 높은 곳에 위치한 5층 레스토랑, n.GRILL에서 식사를 하는 방법도 있다. 전망대만 즐기거나, 프렌치 코스요리를 즐기며 천천히 서울 전경을 즐기면 서울에 여행 온 이방인의 느낌이 든다.

문의: 02-3455-9277 가격 대인 16,000원 소인 11,000원
웹사이트: www.nseoultower.co.kr

서울스카이 전망대

국내 최고 높이 123층, 555m의 제2롯데월드타워의 최상층에 위치한 '서울스카이 전망대'는 서울을 360도 뷰를 통해 한눈에 담을 수 있는 곳이다. 초고속으로 전망대까지 1분만에 오르는 엘리베이터, '스카이셔틀'을 타고 전망층으로 입장한다. 117층, 118층이 입장층으로 각각 전망 데크, 스카이 데크가 있다. 117층엔 전망 데크 외에도 간 큰 이들을 위한 스페셜 투어가 있다. 야외 바람을 맞으며 541m에서 발 밑으로 서울을 내려다 보는 '스카이 브릿지 투어'로 1인당 8만원이다. 야외 액티비티라, 겨울에는 운영하지 않는다. 118층의 '스카이데크'는 세계에서 가장 높은 투명유리바닥 전망대다. 119층, 120층, 122층은 카페가, 121층은 기념품 숍이, 123층에는 라운지가 있다.

문의: 1661-2000 영업시간: 11:00~22:00
가격: 어른 27,000원 소인 24,000원
웹사이트: www.seoulsky.lotteworld.com
기타: 줄을 서지 않는 패스트패스도 있고, 전망대와 여러가지를 조합한 패키지 티켓도 다양하다. 예로 서울스카이와 롯데월드 아쿠아리움 패키지는 성인 54,000원, 어린이 48,000원이다.

추억의 63빌딩 관광

아직도 63빌딩 전망대를 가려는 사람이 있을까? 63빌딩 전망대는 옛말이다. 대신 63스퀘어라 해서 한화에서 운영하는 복합문화공간이 있다. 그렇다 해도 63빌딩이 서울을 대표하는 상징적인 랜드마크임은 부인할 수 없다. 계절별 일조량에 따라 분위기가 달라지는 황금빛 외관은 빛에 의해 파사드에 반사되는 모습이 장관이다. 63빌딩의 로비와 야외정원에는 현대미술작가들의 작품이 설치되어 있어 63빌딩을 찾아온 방문객들에게 작품 감상의 즐거움과 여유를 선사한다. 전망대가 있었던 60층엔 '63아트'라는 전시관이 있다. 해발 264m에 위치한 서울에서 가장 높은 미술관이다. 한 낮의 서울 전망, 해 지는 시간의 낭만과 도시의 야경, 전시도 관람할 수 있는 일석삼조의 공간이다. 연간 3회의 멋진 기획전이 열린다. 본격 관광객 모드로 하루를 보내자면 '63아트'와 '아쿠아플라넷63'을 연계한 관람 패키지를 소개한다. 아쿠아플라넷63은 63빌딩 지하에 위치한 아쿠아리움이다.

문의: 1833-7001
가격: 63아트 성인 15,000원, 청소년 13,000원 어린이 11,000원
아쿠아플라넷63 성인 25,000원 청소년 23,000원 어린이 21,000원
63종합권(두가지 합한 패키지) 성인 30,000원, 28,000원, 26,000원
웹사이트: www.63art.co.kr

도보해설관광

바야흐로 걷기 열풍이다. 서울도 걸으면서 보면 더 아름답다. 서울문화관광해설사의 전문해설을 들으며 도보로 탐방하는 프로그램이 있는데 생각보다 많이 알려지지 않은 것 같다. 총 8개 테마로 나뉘어져, 32개의 코스로 운영되는 이 좋은 프로그램은 모두 무료다. 인터넷과 모바일 웹(dobo.visitseoul.net)에서 예약만 하면 된다.

신청: 개인은 관광일 기준 3일 전, 단체는 관광일 기준 5일 전 인터넷으로 예약하면 된다.
가격: 무료
웹사이트: korean.visitseoul.net

The Souvenir

서울을 먹고 입고 쓰고... 그리고 오래오래 기억하기.

① 서울 후드티
맨투맨, 후디, 티셔츠

여행의 좋은 추억을 간직하기 위해 도시의 로고나 이름이 박힌 티셔츠나 모자를 구입해 본 적이 있을것이다. 서울이라고 그런 상품이 없을리 없다. 서울어패럴에서 만든 톡톡한 서울 후드티는 58,000원 , 반팔 서울 티셔츠는 18,000원, 맨투맨 티셔츠는 58,000. 같은 걸로 이태원, SOUTH KOREA 도 있다.
문의 서울어패럴컴퍼니 www.seoul-apparel.com
@seoulapparelco

② 서울의 향
Subtle Reader 차분한 독서가

공간디자이너 양태오가 만든 브랜드 '이스라이브러리'에서 가장 인기있는 향이다. '차분한 독서가'라는 신비로운 이름을 가진 향은 선비의 서재에서 영감을 얻어 만들어졌다. 쌓인 고서들에서 풍기는 종이 냄새와 선비가 밤을 새며 갈았던 묵향이 배어있는 서재를 상상하며 맡아보니, 부드러운 엠버 향과 촉촉한 풀 향기가 스며있다. 룸 스프레이와 캔들 두 가지 제품으로 만날 수 있다. 룸스프레이 50ml 37,000원
문의 이스라이브러리 eathlibrary.com

③ 경복궁쌀 막걸리
나루생막걸리 6도, 11.5도

성수동에 위치한 한강주조에서 만든, 깔끔한 디자인의 패키지가 시선을 머물게 하는 젊은 막걸리다. 11.5도와 6도 두가지가 있다. 감미료 없이 경복궁쌀만으로 단맛을 끌어냈고 실키한 텍스처가 고급스럽다. 6도는 7,000원, 11.5도는 11,000원. 온라인 구매도 가능하다. 6도 2병+11.5도 2병 패키지 36,000원
문의 한강브루어리 www.hangangbrewery.com

④
강남 양조장
컬러있는 막걸리

강남 도심에서 우리쌀과 누룩, 컬러푸드와 약재, 허브를 조합한 재미있는 막걸리를 만드는 양조장이 있다. 포스트모던 막걸리의 맛이 궁금하다면 C막걸리의 양조장 투어를 예약하면 된다. 주니퍼베리, 건포도의 산미가 특징인 대표막걸리, 시그니쳐 큐베 외에도 옐로, 퍼플, 레드, 그린, 브라운 등의 컬러막걸리를 시즌별로 교차생산한다. 양조장 판매가는 375mL 12,000원, 750mL 23,500원

문의 C막걸리 양조장 @cmakgeolli

⑤
연희동 예쁜 술
민트, 매화, 유자, 팔각 막걸리

연희동 '같이 양조장'에서 출시한 연희 시리즈다. 모히토를 재해석한 연희민트, 벨기에 람빅에서 영감을 받은 연희매화, 전통주 호산춘을 미국ipa 스타일로 표현한 연희유자, 우조를 전통주 스타일로 표현한 연희팔각 등 고문 속에 존재한 전통주들을 불러내, 현대적으로 풀었다. 양조장에서 방문하면 연희민트를 직접 만들어 가지고 갈 수 있는 체험을 할 수 있다. 월 600병 생산의 귀한 술이다.

문의 같이양조장 @togetherbrewing

⑥
편의점 서울 맥주
경복궁, 남산에일, 광화문

편의점 캔맥주로 히트 친 3종이 있다. '경복궁', '남산에일' 그리고 '광화문'이다. 경복궁과 남산에일은 구미호 맥주 제주사인 카브루에서 만들었고 '광화문' 맥주는 ARK로 유명한 코리아크래프트브루어리에서 제조했다. 편의점 맥주에 반했다면, 두 회사가 운영하는 펍을 직접 방문해 보는 것도 재미있다. 강남역 근처의 ARK 수제맥주 펍, 압구정의 구미호 비어 케이브에서 다양한 수제맥주와 요리들을 맛보며 서울의 밤을 제대로 즐겨보자.

문의 카브루 www.kabrew.co.kr /
코리아크래프트브루어리 www.koreacraftbrewery.com

⑦

서울의 작품
작가의 '새와 식물' 촛대

1983년 개업한 금속공예 전문점. 아원공방은 서울의 오래된 가게, '오래가게' 중 하나다. 여섯 자매가 합심해 시작한 패밀리 공방으로 세째 노인아 작가의 작품을 포함한 많은 한국 작가들의 작품을 선보이고 있다. 아원공방의 쥬얼리, 생활 소품들은 비싸지 않은데다 하나하나 가치있는 작품들이라 선물하기 적격이다. 인사동 본점의 정리 소식은 마음이 아프지만, 삼청동은 건재하다. 천정에 걸거나 벽에 액자처럼 걸 수 있도록 만든 촛대는 노인아 작가의 작품. 140,000원. 은으로 만든 티스푼은 개당 80,000원이다. 문의 아원공방 www.ah-won.com

⑧

서울의 단맛
서울허니 8종

도시양봉가 그룹, 어반비즈서울이 상도동, 광희동, 성수동, 서소문동, 여의도, 번동, 인사동 가산동에서 생산한 서울 꿀 8종세트다. 꽃물이 꿀로 되는 과정에서 벌의 효소가 유해물을 모두 필터링한다 하니 혹시나 꿀의 질에 대한 의심이 있다면 걱정 안해도 된다. 한국양봉협회의 검사를 거쳐 안전과 품질을 인정 받았다. 벌과 자연에 대한 관심, 궁극적으로는 도시생태계의 복원이라는 대의가 있는 이들이 만든 동네 곳곳의 꿀맛은 웬지 더 달콤할 것 같다. 여덟가지 로우허니, 서울허니북 8종 39,000원

문의 어반비즈서울 urbanbeesseoul.com

⑨

서울의 과자
서울쿠키

'서울 쿠키'는 한국전통 과자명인 강성은과 젊은 디자이너들이 협력하여 만든 쿠키 브랜드다. 무엇보다도 재료가 좋다. 100% 우리밀, 무항생제 계란을 사용하며 1963년부터 지켜온 전통수제방식으로 만든다. 옛맛을 살리면서도, 패키지 등은 요즘 감성에 들어맞는다. 강성은 명과 연희동 본점과 롯데백화점 곳곳의 매장에서 찾을 수 있으며 온라인 구매도 가능하다. 서울쿠키는 6, 12, 18, 27, 36, 48개 세트로 판매하며 민트색 포장이 감각적이다. 36개 27,500원, 48개 36,000원

문의 서울쿠키컴퍼니 www.seoulcookie.com

Subscription & Staff

여행을 기억하는 당신, 여행을 꿈꾸는 당신이라면

MOVE는 자신만의 취향과 여유, 안목을 지닌 여행자를 위한 데스티네이션 매거진입니다. 여행을 사랑하는 마케팅.출판 기획사 (주)어라운더월드가 발행하며, 매호 하나의 도시, 하나의 지역 혹은 하나의 마을만 주목합니다. 지난 여정을 세심하게 회고하고 싶은 여행자부터 언젠가의 '드림 트래블'을 계획하는 몽상가까지, 여행을 사랑하는 모든 이가 MOVE의 독자입니다.

정기구독 문의

MOVE 는 한 해 4~6권을 발행합니다.
1년 동안 소중한 분과 함께 받아보고 싶으시다면 할인된 금액으로 본인과 지정된 분께 정성스럽게 발송됩니다.

1년 4권 기준　　　72,000원
1년 4권 기준 X 2　144,000 → **120,000원**

SC제일은행 385-20-186606
예금주 컨시어지서울

신청 02-3477-7046
movemagazine01@gmail.com
www.conciergeseoul.co.kr

STAFF

Publisher & Editor-in-Chief
조은영　Cho Eun Young
Editorial Team
양정훈　Yang Jung Hoon, 김빅토　Victoria Kim
Contributing Writer
윤광준　Yoon Kwang Joon, 장보영　Jang Bo Young, 박찬용　Park Chan Yong
Art Director
조민주　Katie Cho
Photographer
이규열　Lee Kyu Yeol, 박종도　Park Jong Do, 이명우　Lee Myung Woo
Co-operation
서울시 관광체육국, 주용태, 이병철, 장주연, 진옥현, 프로젝트서티나인

ISBN 979-11-89647-11-7　발행 (주)어라운더월드 02-3477-7046 | 서울 서초구 반포동 107-103, 101호　발행일 2021년 3월 31일　인쇄 (주)제일프린테크 02-2068-7305
《MOVE》에 실린 모든 글과 사진은 저작권법에 의해 보호 받으며, 발행사의 허락이 없는 무단 전제와 복제를 엄격히 금합니다.

MOVE DESTINATION ABROAD

Vol. 1
BATANES

Vol. 2
SICILY

Vol. 3
DUBAI

Vol. 4
MAURITIUS

Vol. 5
NEW CALEDONIA

Vol. 6
LOMBOK

Vol. 7
SIBERIA

Vol. 8
MALTA

MOVE DESTINATION KOREA

Vol. 1
JEJU ISLAND

Vol. 2
ANDONG

Vol. 3
GORYEONG

Vol. 4
GWANGJU

Vol. 5
JECHEON

Vol.6
SEOUL

Vol. 7
HAPCHEON

〈MOVE〉는 여유와 취향이 있는 여행자를 위한 데스티네이션 매거진입니다.
한 호에 한 지역, 한 도시, 한 마을만 소개하고 있어 여행에 관심있는 사람이라면 누구나 편한 마음으로 구독할 수 있습니다.
근간의 여행을 위해, 또는 언젠가 떠날 꿈의 여행을 위해 소장하시기 바랍니다.